古典文獻研究輯刊

二七編

潘美月・杜潔祥 主編

第 16 冊

四古本《老子》異文研究（上）

朱懷清 著

國家圖書館出版品預行編目資料

四古本《老子》異文研究（上）／朱懷清 著 — 初版 — 新北市：
花木蘭文化事業有限公司，2018〔民107〕
目 4+162 面；19×26 公分
（古典文獻研究輯刊 二七編；第 16 冊）
ISBN 978-986-485-574-2（精裝）
1. 老子 2. 研究考訂
011.08   107012295

ISBN-978-986-485-574-2

9 789864 855742

古典文獻研究輯刊
二七編　第十六冊　　　　　　ISBN：978-986-485-574-2

四古本《老子》異文研究（上）

作　　　者　朱懷清
主　　　編　潘美月　杜潔祥
總 編 輯　杜潔祥
副總編輯　楊嘉樂
編　　　輯　許郁翎、王筑　美術編輯　陳逸婷
出　　　版　花木蘭文化事業有限公司
發 行 人　高小娟
聯絡地址　235 新北市中和區中安街七二號十三樓
　　　　　　電話：02-2923-1455／傳真：02-2923-1452
網　　　址　http://www.huamulan.tw 信箱 hml 810518@gmail.com
印　　　刷　普羅文化出版廣告事業
初　　　版　2018 年 9 月
全書字數　445959 字
定　　　價　二七編 24 冊（精裝）新台幣 46,000 元

四古本《老子》異文研究（上）

朱懷清 著

作者簡介

朱懷清（1967～），男，湖北荊門人。現爲凱里學院教師，副教授。
畢業於四川大學古典文獻學專業，獲文學博士學位，研究方向：古文獻。

提　　要

　　目前有關《老子》的出土文獻有四種，即 1973 年出土的長沙馬王堆帛書《老子》甲、乙本，1993 年出土的荊門郭店楚簡《老子》、2012 年底發佈的北京大學藏西漢竹簡《老子》。本書同時與傳世的王弼本《老子》對照，對這四種出土的《老子》文獻的異文進行研究，必要時參照唐朝傅奕校訂的《古本老子》以及嚴遵本、河上公本等。主要從文字、音韻、訓詁的角度進行了詳細而全面的研究，並在此基礎上以帛書本《老子》爲底本，校訂出一個盡可能接近《老子》原本面目的善本。在音韻學和文字學方面給同行提供一些借鑒的資料。不僅從傳統小學的角度進行了最基本的論證，而且根據內容的需要，也從哲理的角度，進行了必要的邏輯推理，並且聯繫佛學的唯識學思想，闡釋了前人所未注意到的解老方式，提出了自己新的觀點，以期給讀者一個新的理解《老子》的角度。

　　本書也對一些千年來爭論的問題作義理上的闡釋，李養正《道教概說》云：「對於《道德經》，哲學思想家們有他們從哲學思想角度出發的理解與闡發，而宗教家們則有他們從宗教角度出發的理解與闡發。」也許還有學者們從其個人理解的角度出發的理解與闡發。正是這種歧義性的理解，掩蓋了《老子》的本來思想。四種古本《老子》的出現，爲我們還原《老子》文本提供了最可靠的依據，也爲理解《老子》開拓了新的視野。

目次

前　言

　　在《老子》傳世本中，王弼本比較通行，文本也比較可靠，可以說是《老子》版本中較早的一個定本，故本文把它作爲異文比較的研究對象之一。雖然傅奕本也很早，但顯然經過傅奕等後人的加工整理，並沒有保存《老子》的原貌，相對於帛書本，只能作爲主要的參校本，但其文大多與帛書本相同或相近，所以在研究中是不可偏廢的版本之一。帛書本雖有殘損，但通過其甲本和乙本的對照，是可以恢復其古本原貌的，而且乙本殘損相對較少，德經、道經之後有總字數的記錄，說明其是一個全本、足本，爲我們的校勘、文本研究提供了最爲可靠的依據。楚簡本只有兩千字，約爲今本的五分之二，但由於它是《老子》版本中最早的一個，其文獻價值也不可忽略，主要表現在文字的和文義的價值上。北京大學於 2012 年底發佈的漢簡本可以說是最完整的一個版本，上承帛書本，下啓王弼本，也爲我們整理一個完整的《老子》版本提供了最堅實的基礎和信心。

　　本書即是對這四個版本的異文進行研究。通過文字、音韻、訓詁三方面作全面無漏的詳細分析，從而推出《老子》的原本用字。

　　在文字方面，對《老子》楚簡本、帛書本甲乙本和北大漢簡本所出現的異文進行了全面的分析考證，通過其與甲骨文、金文、籀文、篆文以及當今出土的戰國時期楚文字等字形的比較研究，結合文字學理論，對古今字、異體字以及現今字典辭書沒有記載的字的字形作一儘量符合邏輯的判斷。當然，這是建立在前人研究基礎之上的創新。

　　在音韻方面，主要依據王力先生的上古聲類 32 母、古韻 30 部，並參之以郭錫良先生的《漢字古音手冊》、唐作藩先生的《上古音手冊》及《漢語大字典》，對異文中的通假字現象進行判斷、研究、說明。

　　在訓詁方面，主要運用了字典辭書，在同一字大量的不同的意義中間，研究異文相關的演變和相通之處，以判斷用字的時代性和特點，最後確定一個合理的用字。從中可以發現，無論從文字上，還是句子結構上，《老子》一書並不存在一個最早的、完全符合老子之義的善本和定本（這在虛詞的用字上表現得尤爲明顯），只有最符合老子、不偏離老子文義的版本。也許眞正意義上的定本是王弼本，因王弼去老子時代較近，有可能結合了當時衆多版本（或許包括了帛書本）校訂而成。這也是本書以王弼本而不是以傅奕等其他版本作爲異文研究對象的原因。當然，現今的王弼本要參照王弼的注來再校訂一個王弼本（這不是本文的研究對象）。

　　本書在異文的分類中，粗略地分爲假借字、同義字（古今字有的字是古用今廢，有的卻是分化出去）、異體字、誤字和其他字（多爲後人的改寫）。異體字主要是意義近同而字形結構有別。在這些粗略的分類中有不盡科學的地方，故有待後來者進一步勘正。

　　小學只是本書研究的手段和方法，最終的目的是爲了更好、更準確地理解《老子》，并校訂出一個合理的善本。在小學研究的基礎之上，本書也對一些千年來爭論的問題作義理上的闡釋。李養正《道教概說》云：「對於《道德經》，哲學思想家們有他們從哲學思想角度出發的理解與闡發，而宗教家們則有他們從宗教角度出發的理解與闡發。」也許還有學者們從其個人理解的角度出發的理解與闡發。正是這種歧義性的理解，掩蓋了《老子》的本來思想。道教歷來把老子奉爲教主，把《道德經》奉爲至上之經典，並不是偶然的。後世的道教徒正是因爲其對修行有著重要的指導意義，而《老子》的本義也許正是有著這樣的指導原則，故其爲道教所重。《老子》的宗教性思想在其早期的闡發中是顯而易見的，主要體現在河上公的《老子道德經章句》和嚴遵的《老子指歸》中，即使是韓非子的《解老》、《喻老》也有別於後世所解《老子》。當然，「宗教」一詞並不能涵蓋《老子》，但如果我們僅僅用世俗學問的眼光來看待《老子》，則多會遠離《老子》本義。

　　本書在義理上闡釋的不多，所謂的「善本」，也只是儘量的符合《老子》而已。要討論的地方頗多，眞理只有在討論、論證、質疑中才能彰顯。

緒　論

一、研究綜述

　　長沙馬王堆帛書《老子》的出土距今已有四十多年，荆門郭店竹簡《老子》的出土發現距今也有二十多年。其間的研究可謂是如火如荼，它們對老子思想的重新詮釋，對現今版本的重新校勘，以及對文字、音韻、訓詁的推動，都產生了重大而積極的影響。2012 年底北大漢簡本的發佈，更爲我們帶來了驚喜，但這四種較早《老子》版本的出現，其首要的價值應該在於校勘上，其總體來看與今本是一致的。主要區別在於其個別字句的不同，個別字句的差異當然會影響對個別文義的理解。而在對這些異文的研究基礎之上，可以看到版本的流變關係，從而校訂出一個合理的善本，以及在對比中對老子文意作出正確而合理的解釋，這是研究異文的最終目的。

1、王弼《老子》研究情況

　　王弼（公元 226～249），山東人，所處時代在魏正始年間，老學著作有《老子道德經注》和《老子指略》等。今傳王弼本爲明朝的張子象刻本。洪頤煊《讀書叢錄》云：「王注出於明代，或後人掇拾爲之。」其《老子道德經注》初載於《隋書・經籍志》，陸德明《經典釋文》爲之音義，宋晁說之《跋》云：「然（王）弼題是書曰：『《道德經》不析乎道、德而上下之，猶近古歟？其文字則多謬誤，殆有不可識者，令人惜之。』」熊克亦云：「克自求弼所注甚力，而近世希有，蓋久而後得之，往歲攝建寧學官嘗以刊行。既又得晁以道先生所題本，不分道、德而上、下之，亦無篇目，喜其近古，繕寫藏之。乾道庚寅，分教京口，復鏤以傳。」可見王弼本與帛書本一樣，也是不分章的，僅有上下篇。

2、帛書《老子》研究情況

馬王堆帛書《老子》出土於 1973 年。帛書甲本用篆書抄寫，抄寫在劉邦稱帝之前，乙本用隸書抄寫，抄寫在劉邦稱帝之後，距今已有兩千多年。因爲帛書《老子》可以說是最早的足本，其版本的校勘價值正如前人所說，是無可比擬的。這兩種帛書本不僅可以相互印證、校對，與今傳世本相互校勘，完全可以得出一個相對好的本子來。

礦冰的《「法令滋彰」還是「法物滋彰」》（《歷史研究》1976 年第二期），對是「法令」還是「法物」作了辯證。其實帛書的出現，只是在證實或證僞、支持或反對著一些學者的觀點，以及一些版本的對錯。河上、景龍本即作「法物滋彰」，河上公注「法物，好物也」。難道我們真的有那麼多新觀點嗎？只是在證實與證僞、支持與反對之中選擇而已。

徐復觀的《帛書老子所反映出來的若干問題》（1975 年《明報月刊》）關注了帛書《老子》中虛詞的使用，如帛書《老子》皆使用「呵」字，今本以「兮」字替代。這或許反映了一個時代或一個地區方音的使用習慣不同而已，並非表示驚歎以引起注意。又如「也」字的使用，對第一章「無欲」、「有欲」之斷句起到了終結者的作用。

張松如的《老子校讀》（1981 年）是其系列論文的結集，以校勘爲主，列出了各家的不同之處，但有的只列出不同之處，而不斷是非。

鄭良樹《論帛書〈老子〉》（1979 年），認爲帛書《老子》的價值主要在古代語言、訓詁、文字演變和校勘等方面，既可以糾正今本文句中的訛、脫、衍、誤，又解決了爭論已久的一些問題。其另一篇文章《從帛書〈老子〉論嚴遵〈道德指歸〉之眞僞》，指出了嚴本多出文句與傳世本相異而與帛書本同，並不像《四庫提要》所說的嚴本《指歸》乃「能文之士所贋託」。

陳廣忠《帛書〈老子〉的用韻問題》（1985 年）分析了帛書《老子》的用韻特點：虛詞和語氣詞入韻，用韻密、使用三尾云，多合韻，大量使用罕見的韻例等。其於斷句也是有用的。

在眾多專書之中，高明的《帛書老子校注》（1996 年）可謂獨樹一幟，其最主要的貢獻在於文獻的校勘上，對各種傳世本《老子》（33 種）相互分析比較，指出其與帛書本的相同與不同之處，並裁定優劣；第二，對關鍵的異文之處，利用前人成果，從小學角度進行分析，但並不全面，有些關鍵異文予以迴避；第三，從思想上分析文義，主要利用《韓非子》、王弼、河上公以及

俞樾、奚侗、蔣錫昌、朱謙之等學者的成果加以闡釋，眼光具有獨到性。不足之處在於擅改文本，如傳世本和帛書本第 39 章「其致之」之「致」，因河上之注而強改爲「誠」，於文理、於句子語氣未通之故，誠爲敗筆。第二，對於一些章節的文義理解亦有可商榷之處，此亦爲千年之癥結，未可過多要求也。第三，因偏愛於帛書本，音訓多有牽強之處。綜合而言，仍然是目前最好的一個注解本。

尹振環的論文《論〈郭店竹簡老子〉——簡帛〈老子〉比較研究》（《文獻》，1999 年 3 期），提出了一些中肯的意見。如傳世本《老子》中的一些章節並不是意義統一的，這一點是值得肯定的。但其帛優的傾向最後導致其將《老子》分爲一百多章。

3、楚簡《老子》研究情況

荆門郭店楚簡《老子》出土於 1993 年。郭店楚簡《老子》分甲、乙、丙三組簡，荆門市博物館《郭店楚墓竹簡》一書前言中說：「簡本現在 2046 字，約爲今本的五分之二。」〔註1〕時代爲公元前 300 年左右，大體與孟子同時代，帛書本的墓葬年代爲漢文帝前元十二年（即公元前 168 年），楚簡本和帛書本相差 150 年左右。

郭店楚簡《老子》的發佈在 1997～1998 年 4 月，因而展開討論和研究相對要滯後。初期研究的論文以結集的形式出版，主要有《郭店老子國際研討會論文集》，《中國哲學》第二十輯，《道家文化研究》第十七輯，《郭店楚簡國際學術研討會論文集》。因其文字的古老，故在其文字上的釋讀要比帛書《老子》爭論更加多一些。最早的專著爲台灣丁原植的《郭店竹簡〈老子〉釋析與研究》（1998 年 9 月），羅列了帛書本、王弼本、傅奕本，作校勘之用，有「文字釋析」部分，探討了因用字不同而產生的意義上的差異。

魏啓鵬的《楚簡〈老子〉柬釋》，側重楚簡本與帛書本、王弼本、河上本之間的對校。

趙建偉的《郭店竹簡〈老子〉校釋》，可作爲一般的校勘記，亦多創建。校釋方面的著作還有侯才的《郭店楚墓竹簡老子校讀》（1999 年 9 月），彭浩的《郭店楚墓老子校讀》（2000 年 1 月）。

〔註1〕 荆門市博物館：《郭店楚墓竹簡》，北京，文物出版社，1998 年 5 月，第 1 頁。

廖名春的《郭店楚簡老子校釋》以楚簡《老子》爲線索，羅列了眾多版本，羅列並吸收了前人的研究成果，對不同的異文進行了詳加考證，如其所說：「列出簡文相應的各種版本的字詞，相同者略舉，異文則儘量囊括無遺。」也確實做到了這一點，在字的釋讀上也頗有建樹。但過重偏向簡本，或爲「簡優派」。

聶中慶的博士論文《郭店楚簡〈老子〉研究》（2003 年）。李若暉的《郭店竹書老子論考》（2004 年），書末附有「《老子》異文對照表」，但只是簡單的羅列異文，沒有進行深入的分析研究。劉笑敢《老子古今》（2006 年），羅列了河上本、傅奕本、王弼本、帛書本、楚簡本。李零的《郭店楚簡校讀記》（2007 年）專於楚簡的文字校訂。丁四新的《郭店楚竹書〈老子〉校注》爲楚簡《老子》研究的集成之作，亦以楚簡《老子》爲線索，羅列楚簡本、帛書本、王弼本，進行字與文義上的考證。

自荊門郭店楚簡出土以來，還有小學角度的研究，其中就包括對楚簡《老子》的小學研究。吳辛丑的《簡帛典籍異文研究》（2002 年）是這方面較早的著作。四川大學申紅義的《出土楚簡與傳世典籍異文研究》（2006 年）就涉及到《老子》楚簡本、帛書本與王弼本的異文小學方面的研究：「本文集中對幾種出土文獻和傳世典籍進行對比，儘量多地搜集其中文字相異之處（目前得不到合理解釋異文除外），從文字、音韻、訓詁等方面進行分析，指出相異的原因，同時參照其他傳世典籍，爲簡帛典籍中異文的存在尋找根據。」

沈祖春的《馬王堆漢墓帛書（壹）·假借字研究》（2007 年）歸納了包括《老子》帛書在內的假借字。

這兩本書爲我們研究《老子》的異文提供了音韻方面的研究材料。

劉信芳的《楚簡帛通假彙釋》（2011 年），其中對《老子》楚簡、帛書的異文做了宏觀性的綜合研究，是這方面的最新研究成果。

4、北大藏漢簡《老子》研究情況

於 2012 年 12 月發佈。魏宜輝的《北大漢簡〈老子〉異文校讀五題》（2013），從文字訛變、音近通假的角度對五處異文進行了新的解讀；王中江的《漢簡〈老子〉中的異文和義旨示例及考辨》（2014）從文字和義理兩方面進行考辨，俞紹宏的《利用出土文字材料考辨〈老子〉中的一處異文》，對第二章的始、辭做了考辨；徐萌的《〈老子〉異文考三則》，對活、覽、澹三字進行了考辨。這些文章僅就部分文字進行了考察，全面而進一步的異文研究價值很大。這也是本文研究的意義之一。

二、研究對象、目的、方法和意義

1、研究對象

本書以傳世王弼本、馬王堆帛書甲乙本、郭店楚簡本《老子》和北大漢簡本中的異文爲研究對象。王弼本因爲王弼的註釋爲人們所熟悉而易懂，千年來成爲流行的盛傳的版本。本書正是以這四種版本爲研究的主要對象。

王弼本以《正統道藏》（洞神部玉訣類）王弼《道德眞經注》爲底本。今所傳王弼注本出自武英殿聚珍版叢書，底本爲明萬曆張子象刻本，參校《永樂大典》和陸德明《經典釋文》而刊定的，本書並參之以樓宇烈校釋王弼《老子道德經注》。

馬王堆帛書本以裘錫圭主編的《長沙馬王堆漢墓簡帛集成》爲主，參之以馬王堆漢墓帛書整理小組編《馬王堆漢墓帛書〈老子〉》、國家文物局古文獻研究室《馬王堆漢墓帛書》〔壹〕和《中華道藏》本。

郭店楚簡本以荊門市博物館《郭店楚墓竹簡》爲底本，參之以《中華道藏》本（廖名春釋文）。

北大漢簡本根據北京大學出土文獻研究所主編的《北京大學藏西漢竹書（貳）》。

另外，有唐傅奕校訂的《古本老子》，乃北齊後主高緯武平五年（公元574年）彭城人開掘項羽妾塚所得，故不失其爲古本之一。宋謝守灝《老君實錄》云：「《道德經》，唐傅奕考覈眾本，勘數其字。」雖有人爲的改動，但經文亦可與王弼本和帛書本相互對校、參考。宋范應元《老子道德經古本集注》和元至元二十七年陝西盩屋縣《樓觀臺道德經碑》宗此本。

《老子》一書，非從宗教的角度闡釋，則不能讀。先秦老莊之學，皆從哲學的角度看待之，從世間的所謂學問探討之，故名之曰「道家」。然從其內容來看，則與世間學問反，強以宗教名之，亦未嘗不可。《莊子》自不必說，韓非之《喻老》、《解老》亦有可取焉。河上公注、嚴遵之《指歸》則頗合《老子》之旨趣。

河上公本初見於《隋書·經籍志》記載：「《老子道德經》二卷，周柱下史李耳撰，漢文帝是河上公注。」此本爲後人所注重的當是其注。之所以爲道教內部所重，在於其宗教性。如修身養性，身國同構等等，能指導人們的修行。

嚴遵，《漢書・王貢兩龔鮑傳》有記載：「蜀有嚴君平……卜筮於成都市……才日閱數人，得百錢足自養，則閉肆下簾面授《老子》。博覽無不通。依老子、莊周之旨，著書十餘萬言。」揚雄少時曾從其讀書，其《法言・問明》中說：「蜀莊（嚴君平）之才之珍也，不作苟見，不治苟得，久幽而不改其操，雖隋、和何以加諸？舉茲以旃不亦寶乎？吾珍莊也，居難爲也。」嚴遵《老子指歸》初見於晉常璩《華陽國志》記載：「嚴遵，字君平，成都人也。雅性澹泊，學業加妙，專精《大易》，耽於老莊，著《指歸》爲道書之宗。」《隋書・經籍志》載：「《老子指歸》十一卷，嚴遵注。」唐谷神子序云：《指歸》於「陳、隋之際，已逸其半，今所存者止論德篇。因獵其訛舛，定爲六卷。」今人王德有有輯佚本。其書之所以能「爲道書之宗」，因其能發揮《老子》之旨意，然今人或有不能讀者。

本書所謂異文，指同一典籍（《老子道德經》）的四個不同版本之間的差異，包括字、詞、句的差異，及其導致的哲理思想的差異，因這四個版本主要的差異多在於字詞的差異上，故以此方面的差異爲主，其他方面的差異亦隨文而注，力爭做到無遺漏，不迴避，正視所有問題。

不同版本之間的差異形成的原因主要在形、音、義三個方面。一是古今字、異體字以及同義詞、近義詞替代造成的異文。二是音假造成的異文，假借包括同音通假，雙聲通假，疊韻通假，這是古籍中常常存在的現象。三是因誤抄、誤寫或形近而造成的異文，這方面雖不多，但需要審慎地判斷。

2、研究內容

從文字、音韻、訓詁這三個方面來考察這四個版本異文的內在原因，在闡釋異文的形、音、義的同時，總結這幾個版本最合適的字、詞、句。

3、研究目的

校訂出一個合理的善本是最終目的。本書所勘定的帛書老子《道德經》本，是建立在嚴謹的小學基礎上的較訂本，力圖以最充分的理由和證據得出合理的解釋。自從帛書本問世後，每一個解讀者都或多或少的在自己心中有一個善本。高明的《帛書老子校注》可以說是眞正的從文獻的角度作校勘的傑作，不僅對三十多種傳世文獻進行比對，而且於文字、於文義也頗有見地。然亦有隨意更改文本的不足，而當改處卻不能決斷，如第8章，傳世本作：「水善利萬物而不爭」，「不爭」，帛書甲本作「有靜」，乙本作「有爭」。高明在肯定了通行本之後，又云：「但是，從帛書二本記載的內容來看，似乎還可作另

一種解釋。帛書本身確有誤句、錯字、衍文等等，皆因抄寫不慎而造成。但多是在其中一本發生，一般是甲本誤，則乙本不誤；反之亦如是。從不發現兩本同在一處，而且是共有同一錯誤者。尤其是甲、乙二本既非同一來源，亦非同時抄寫，不可能出現如此巧合。故此僅據末句『夫唯不爭故無尤』，即斷定甲本『有靜』與乙本『有爭』統爲『不爭』之誤，似證據甚弱，難以肯定。帛書用字不嚴，『爭』字與『靜』互假，甲本『有靜』可讀作『有爭』，乙本『有爭』也同樣可讀作『有靜』。此文完全可以從甲本讀作『上善似水，水善利萬物而有靜』。『有』字有求取之義，《廣雅・釋詁一》：『有，取也。』『有靜』猶言取於清淨也。景龍、遂州諸本作『水善利萬物又不爭』，今據帛書驗之，其中『不』字又像是後人仿王本而增入。王弼於『水善利萬物而不爭』下無注，僅於『處眾人之所惡』下注『人惡卑也』一句。河上公注云：『眾人惡卑濕垢濁，水獨靜流居之也。』『水獨靜流居之』，正是對『有靜』之詮釋。」水之性即靜，「有靜」當爲《老子》本義，而「不爭」當是從人的角度來看問題的。本章中的「正善治」，帛書本和王弼本皆如此，高明改「正」爲「政」，違背其上面所說的甲乙本不會同時發生同樣的錯誤的原則。水能平正、不偏斜，故才能善治，此爲「正」之本義，河上公注云：「無有不洗，清且平也。」故當從「正」。有些看似簡單容易理解的字，如果不瞭解其初始意義，則會犯想當然的毛病，其結果就是任意改動文本。

4、研究方法

本書在解釋通假字之間的聲韻關係時，主要依據王力先生的上古聲類 32 母、古韻 30 部，並參之以郭錫良先生的《漢字古音手冊》、唐作藩先生的《上古音手冊》、《漢語大字典》，以及萬獻初《音韻學要略》第 177 頁：

對轉、旁轉、通轉、旁對轉規律表

甲類 Ø k ŋ	之 ə 職 ək 蒸 əŋ	支 e 錫 ek 耕 eŋ	魚 a 鐸 ak 陽 aŋ	侯 ɔ 屋 ɔk 東 ɔŋ	宵 o 藥 ok	幽 u 覺 uk 冬 uŋ	陰聲韻 Ø 入聲韻 k 陽聲韻 ŋ
乙類 i t n	微 əi 物 ət 文 ən	脂 ei 質 et 眞 en	歌 ai 月 at 元 an				陰聲韻 i 入聲韻 t 陽聲韻 n
丙類 p m	緝 əp 侵 əm		盍 ap 談 am				入聲韻 p 陽聲韻 m

古文字方面參照荊門市博物館編的《郭店楚墓竹簡》（北京，文物出版社，1998 年 5 月），容庚編著，張振林、馬國權摹補《金文編》（北京，中華書局，1985 年 7 月），高明、涂白奎的《古文字類編》（上海古籍出版社，2008 年 8 月），《汗簡 古文四聲韻》（李零、劉新光整理，北京，中華書局，2010 年 7 月第 2 版），滕壬生的《楚系簡帛文字編》（武漢，湖北教育出版社，2008 年 10 月）。

本書的訓詁材料大多來源於字典、辭書。如《說文解字》、《爾雅》、《方言》、《玉篇》、《集韻》、《廣韻》、《廣雅》、《康熙字典》、《漢語大字典》等。《抱朴子·鈞世》云：「古書之多隱，未必昔人故欲難曉，或世異語變，或方言不同。」正是這些字典、辭書，使我們能夠方便的辨正異體字的前因後果。這些字書、韻書和音義等小學類書往往引書以作爲字音、字義的例證，這類材料有助於校勘，其所釋字義對《老子》的解讀亦有幫助。

5、研究意義

1、全面的解讀異文。對四個版本的異文進行全面而細致的校讀，不遺漏每一個字詞句。有的以帛書本爲主參校傳世本，如高明的《帛書老子校注》，沒有參考楚簡本。通行本第 37 章有：「道常無爲而無不爲。」帛書甲乙本此處僅作：「道恒无名。」第 48 章王弼本有：「損之又損，以至於無爲，無爲而無不爲。」帛書甲本殘，乙本也不全：「云（損）之有（又）云（損），以至於无……」帛書本和王弼本 38 章都有作：「上德無爲而無以爲。」第 48 章此處帛書本到底是作「無以爲」還是「無不爲」？高明採用「無以爲」，其證據並不充分。而楚簡本此處作「以至亡（无）爲也，亡（无）爲而亡（无）不爲。」雖然「無不爲」和「無以爲」各說各有理，但版本的證據不可抹殺。廖明春教授的《郭店楚簡老子校釋》則以楚簡本爲線索，簡本有的章節則予以異文的解釋，簡本無而帛書本有的則棄之不顧。楚簡本之相當於傳世本和帛書本的 31 章，且每章並不全，以此來做校注，不能完整地體現《老子》。本文在這四個版本的基礎上，參以其他的傳世本，能全面的反應問題，解決問題。

2、深入地挖掘文義。本書對每一處異文，哪怕被認爲是簡單的很容易理解的異文都做文字、音韻、訓詁上的解釋。雖然囉嗦了點，但於繁瑣之中亦有新發現。例子頗有，此不贅述。

　　3、異文的分類。前人也有做過此種分類，一是不全面，二是不是在小學分析的基礎上進行的科學分類。一般都認爲出土的簡帛假借字多得驚人，在出土的四種《老子》也得到了證明。但一些假借字，在它們的初義（早期意義）是多有相通的。

　　4、從宗教學角度解讀文本。老子的「德」是什麼概念？老子爲什麼要講軍事，又爲什麼軍事上戰勝後又要「以喪禮處之」？老子所講的「其鬼不神」是什麼意思？這些問題如果不從宗教學的角度去考察，是得不到解釋的。然限於本書以異文研究爲主，這些問題只能略而論之，點到爲止。《老子》本是一部爲宗教踐行者和修行者寫的一本書，故當從此角度來理解。

第一篇　《老子・道經》異文校讀 上

第一章　體　道

恒（帛書甲、漢簡本）──常（王弼本）

也（帛書甲）──殹（漢簡本）

名（帛書甲、王弼本）──命（漢簡本）

帛書甲： 道可道也，非恒道也；名可名也，非恒名也。（93）

帛書乙： 道可道也，〔非恒道也；名可名也，非〕恒名也。（44 上）

漢簡本： 道可道，非恒道殹；名可命，非恒名也。（124）

王弼本： 道可道，非常道；名可名，非常名。（《道藏》12-272）

《說文・二部》〔註 1〕：「恆，常也。从心从舟，在二之閒上下。心以舟施，恆也。烜，古文恆从月。《詩》曰：『如月之恆。』」商承祚《〈說文〉中之古文考》：「（甲骨文、金文）皆從月。既云古文從月，又引《詩》釋之，則原本作亙，從外爲傳僞。」〔註 2〕段玉裁注〔註 3〕：「常，當作長。古長久字只作長。」《玉篇・心部》〔註 4〕：「恆，常也，久也。」又《巾部》：「常，恆也。」

「烜」爲「恆」之古文，「恆」義爲常，故可通用。因避漢文帝劉恒諱而改爲「常」。《漢書・地理志》〔註 5〕：「常山郡。」顏師古註：「恆山在西，避漢文帝諱，故改曰常山。」

〔註 1〕 許慎：《說文解字》，北京：中華書局影印（清）陳昌治刻大徐本，1963 年。本文所引《說文》及徐鉉注，皆出自此版本，後例不再說明。

〔註 2〕 商承祚：《〈說文〉中之古文考》，上海：上海古籍出版社，1983 年，第 119 頁。本文所引此文，皆出自此版本，後例不再說明。

〔註 3〕 段玉裁：《說文解字注》，上海：上海古籍出版社，1998 年。本文所引《說文》段注，皆出自此版本，後例不再說明。

〔註 4〕 （梁）顧野王《大廣益會玉篇》，北京：中華書局，1987 年。本文所引《玉篇》，皆出自此版本，後例不再說明。

〔註 5〕 班固：《漢書》，中華書局標點本，北京：中華書局，1962 年。本文所引《漢書》，皆出自此版本，後例不再說明。

渾言之，常之「長久」義，與「恒久」義同；析言之，「常」之「普通、一般」義則與「恒」義有別。「恒道」是從時間上來說不生不滅的恒久之道，異於平常普通之道（規律），能準確表達老子對道的意義的描述。《韓非子・解老》〔註6〕云：「夫物之一存一亡，乍死乍生，初盛而後衰者，不可謂常。唯夫與天地之剖判也俱生，至天地之消散也、不死不衰者，謂常。而常者，無攸易，無定理。無定理，而在於常，是以不可道也。聖人觀其玄虛，用其周行，強字之曰道，然而可論。」此即是對「恒道」的定義。字當從「恒」。

虛詞的運用是帛書本顯著的特點，如本句的「也」字，在世傳本多去之。《玉篇・乀部》：「也，所以窮上成文也。」《說文》徐鉉註曰：「也，語之餘也。凡言也，則氣出口下而盡。」《顏氏家訓・書證》〔註7〕：「也，是語已及助句之辭，文籍備有之矣。」也，亦有判斷、解釋、停頓的語氣，帛書本多用「也」字等虛詞，與《論語》、《孟子》等書同，從一側面反應了當時的書面語時代特點，此為戰國書面語時代之特點。

《說文・殳部》：「毆，擊中聲也。从殳医聲。」段玉裁《說文解字注・殳部》：「秦人借為語詞，《詛楚文》『禮使介老將之以自救毆』，薛尚功所見秦權銘『其於久遠毆』，《石鼓文》『汧殹沔沔』，權銘『殹』字，琅邪臺刻石及他秦權秦斤皆作『艺』，然則周、秦人以『殹』為『也』可信。《詩》之『兮』字，倝《詩》者或用『也』為之，三字通用也。」《睡虎地秦墓竹簡・語書》：「去其淫避，除其惡俗，而使之于為善殹。」《馬王堆漢墓帛書・經法・道法》：「法者，引得失以繩，而明曲直者殹。」朱珔《說文叚借義證》：「案『艺』即『也』字。殹、也一聲之轉。」殹為影母脂部字，也為餘母歌部字，「脂」、「歌」旁轉，故殹、也音通可借。殹、也作句尾語氣詞，窮上成文，表判斷、肯定，故二字音義皆通可互用。

《廣雅・釋詁三》：「命，名也。」王念孫《疏證》：「命即名也。名、命古同聲同義。」《呂氏春秋・察今》：「東、夏之命，古今之法，言異而典殊，故古之命多不通乎今之言者。」《史記・天官書》：「兔七命，曰小正……」司馬貞《索隱》：「命者，名也。」《漢書・張耳傳》：「嘗亡命遊外黃。」顏師古

〔註6〕 （清）王先慎：《韓非子集解》，《諸子集成》，北京：中華書局，1978年。本文所引此書，皆出自此版本，後例不再說明。

〔註7〕 王利器：《顏氏家訓集解》，上海：上海古籍出版社，1980年。本文所引《顏氏家訓》，皆出自此版本，後例不再說明。

注：「命者，名也。脫名籍而逃亡。」命又可作動詞，命名之義，《左傳・桓公二年》：「生太子，命之曰仇。」阮元《校勘記》：「《漢書・五行志》引作『名之曰仇』。案：名即命也。」《說文・口部》：「名，自命也。從口從夕。夕者，冥也。冥不相見，故以口自名。」《釋名》：「名，明也，名實事使分明也。」《荀子・正名》：「名定而實辨。」混沌之初，無有名相或明之相，此爲混沌之心，無分別之心，即一也，故「無名，萬物之始也。」有意思的是，佛教也認爲「無名」爲世界萬物的緣起。因自名，故有明辨之實相，有分別之心，即二也，故「有名，萬物之母也。」命、名皆爲明母耕部字，故音義同可通用。

无（帛書甲乙）──無（漢簡本、王弼本）

萬物（帛書甲乙）──天地（王弼本）

帛書甲乙：无名，萬物之始也；有名，萬物之母也。（93，44 上）

漢簡本：無名，萬物之始也；有名，萬物之母也。（124）

王弼本：無名，天地之始；有名，萬物之母。（《道藏》12-272）

帛書甲乙皆作「无」，王弼本作「無」。《說文》：「橆，亡也。從亡，無聲。奇字『无』通橆。通於元者，王育說，天屈西北爲无。」徐鍇《說文繫傳》：「无者，虛無也。無者對有之稱，自有而無，无謂萬物之始。」《易・无妄》〔註8〕：「六三，无妄之災。」「無」之甲文 象一人攤開手指之形，以示空無一物；金文則象獲取草木上果實之形，蒙昧時期之人僅以果實充飢也。《說文・林部》：「橆，豐也。從林；奭。或說規模字。從大、卌，數之積也；林者，木之多也。卌與庶同意。《商書》曰：『庶草繁無。』」人類初始之時，一無所有，依賴於草木或以草木爲食。《集韻》〔註9〕：「無，或作橆。」《韻會》〔註10〕：「橆，本古文蕃橆字，篆借爲有無字，李斯變隸變林爲四點。」《字彙》〔註11〕：「橆，古文蕃橆字。有無之無，則用无字。

〔註 8〕 （唐）孔穎達等：《周易正義》，《十三經注疏》，北京：中華書局 1980 年影印。本文所引《易》，皆出自此版本，後例不再說明。

〔註 9〕 丁度等：《集韻》，述古堂影宋鈔本，上海：上海古籍出版社 1985 年影印。本文所引《集韻》，皆出自此版本，後例不再說明。

〔註10〕 熊忠：《古今韻會舉要》，光緒九年淮南書局重刊本。本文所引《韻會》，皆出自此版本，後例不再說明

〔註11〕 梅鼎祚：《字彙》，明萬曆刻本。本文所引《字彙》，皆出自此版本，後例不再說明。

秦以棘作无，李斯又改作無，後因之。」《藝苑雄黃》〔註12〕：「无亦作亡。古皆用亡无，秦時始以蕃棘之棘爲有無之無。詩、書、春秋、禮記、論語本用无字，變篆者變爲無，惟易、周禮盡用无。然《論語》『亡而爲有，我獨亡』，諸無字，蓋變隸時誤讀爲存亡之亡，故不改也。」依此說，无當爲本字，棘、亡爲借字，無爲隸變之體。《讀書通》〔註13〕：「無，通作勿、莫、末、沒、蔑、微、不、曼、瞀等字。」（清）吳楚《說文染指‧釋无無》〔註14〕：「《林部》：無，豐也。其實『無』即荒蕪本字，『無』與『荒』等也。『荒』本『大荒』之『荒』。」謝彥華《說文閒載》〔註15〕：「余意無蕪爲古今字。《釋詁》：『蕪、茂，豐也。』《釋文》云：『古本作無。』⋯⋯從草者爲後出之字。」

　　「棘」、「棘」當爲本字，「無」爲秦變隸之字，「无」似爲簡寫，但古籍本用「无」，《老子》帛書本和《古文四聲韻》引《老子》作「无」。「无」之古文爲「兂」，《玉篇》：「兂，古文旡。」《說文‧旡部》：「旡，飲食气屰不得息曰旡。从反欠。凡旡之屬皆从旡。兂，古文旡。」「无」似與氣有關，「旡」爲道家解釋宇宙萬物的哲學概念之一，《老子》第41章：「天下之物生於有，有生於无。」《說文》所謂「通於元者」，即「无」與「元」義通。且二字古文形近。《說文‧一部》：「元，始也。从一从兀。」《精蘊》〔註16〕：「天地之大德，所以生生者也。元字從二從人，仁字從人從二。在天爲元，在人爲仁，在人身則爲體之長。」《易‧乾‧文言》：「元者，善之長也。」

　　《鶡冠子‧王鈇》〔註17〕：「天始於元。」董仲舒《春秋繁露‧重政》〔註18〕：

〔註12〕　見張玉書等：《康熙字典》，上海：世紀出版集團、漢語大詞典出版社，2002年，第434頁。

〔註13〕　郝敬：《讀書通》，《山草堂集》的第十六種，明萬曆崇禎間郝洪範刊本。本文所引《讀書通》，皆出自此版本，後例不再說明。

〔註14〕　見徐中舒主編：《漢語大字典》，四川：四川省辭書出版社，湖北：湖北省辭書出版社，1990年10月第一版，第2212頁。

〔註15〕　見徐中舒主編：《漢語大字典》，四川：四川省辭書出版社，湖北：湖北省辭書出版社，1990年10月第一版，第2212頁。

〔註16〕　見張玉書等：《康熙字典》，上海：世紀出版集團、漢語大詞典出版社，2002年，第50頁。

〔註17〕　《鶡冠子》，四部叢刊影印明翻宋本，本文所引《鶡冠子》，皆出自此版本，後例不再說明。

〔註18〕　董仲舒：《春秋繁露》，四部叢刊影印武英殿聚珍版本，本文所引《春秋繁露》，皆出自此版本，後例不再說明。

「故元者，爲萬物之本，而人之元在焉。」《公羊傳》〔註19〕何休註：「變一爲元。元者，氣也。」王襃《聖主得賢臣頌》〔註20〕：「春秋法五始之要。」李善註：「元者，氣之始。春者，四時之始。王者，受命之始。正月者，政教之始。公即位者，一國之始。」「元」、「旡」皆與「炁」有關，表示宇宙萬物初始之時生生之精微物質，而「无」或在此之先，是一種沒有相對的存在，「無」卻與「有」相對，爲有名、有概念之時的有無之「無」。

從宇宙生成論的角度看，「无」字當早於「無」。從《老子》表達的「无名」爲空的內涵來看，當從帛書本作「无」。

帛書整理小組注：「通行本『萬物』作『天地』，《史記‧日者列傳》引與帛書同。王弼注：『凡有皆始於无，故未形无名之時則爲萬物之始。』似其原本與帛書同，今本經後人妄改。」〔註21〕

妄改的原因或許是天地要早於萬物，或許是爲了不相重複，「萬物」與「天地」相對，正爲六朝駢文之手法。漢簡本同帛書本，可爲之證。

《說文‧女部》：「始，女之初也。从女台聲。」《易‧乾‧彖》：「大哉乾元，萬物資始。」「始」與「无」等同，爲有形質之先。《說文‧女部》：「母，牧也。从女，象裹子形。一曰象乳子也。」段玉裁注：「象兩手裹子也……《廣韻》引《倉頡篇》云：『其中有兩點者，象人乳形。』」《莊子‧大宗師》〔註22〕：「伏羲得之，以襲氣母。」「母」則有形質，且有陰陽和合之實。故在宇宙發生的過程中，「始」早於「母」，故《老子》有「无名」、「有名」之說。无名爲未分別之時，未分別則混而爲一，此即後章所說的「道生一」是也。佛家以「空」描述之，「眞空生妙有」，與《老子》所說的「（天下之物生于有，）有生于無」義同。「有名」則有分別之心，是爲「二」；有陰陽和合之象，是爲「母」。此即「道生二」之義。

〔註19〕 《春秋公羊經傳解詁》，四部叢刊影印宋建安余氏刊本，本文所引《公羊傳》，皆出自此版本，後例不再說明。

〔註20〕 王襃：《王諫議集》，明張溥輯《漢魏六朝百三名家集》，本文所引，皆出自此版本，後例不再說明。

〔註21〕 馬王堆漢墓帛書整理小組編：《馬王堆漢墓帛書老子》，北京：文物出版社，1976年，第29頁。

〔註22〕 （清）王先謙：《莊子集解》，《諸子集成》，北京：中華書局，1978年，本文所引《莊子》，皆出自此版本，後例不再說明。

眇（帛書甲乙、漢簡本）——妙（王弼本）

帛書甲：〔故〕恒无欲也，以觀其眇。……玄之有玄，眾眇之〔門〕。(93-94)

帛書乙：故恒无欲也，〔以觀其眇〕。……玄之又玄，眾眇之門。(44上-44下)

漢簡本：故恒無欲，以觀其眇，……玄之有玄之，眾眇之門。(125-126)

王弼本：故常無欲，以觀其妙。……眾眇之門。（《道藏》12-272）

《說文‧目部》：「眇，一目小也。从目从少，少亦聲。」段玉裁注：「眇，又引申爲微妙之義。《說文》無妙字，眇即妙字。」《史記‧貨殖列傳》〔註23〕：「俗之漸民久矣，雖戶說以眇論，終不能化。」《正字通‧女部》〔註24〕：「妙，精微也。」《易‧說卦》：「神也者，妙萬物而爲言者也。」

「眇」與「妙」皆爲明母宵部字，故音通可借。

與眾本比較，漢簡本「玄之有玄之」，衍一「之」字。

有（帛書甲、漢簡本、王弼本）——又（帛書乙）

噭（帛書甲乙）——僥（漢簡本）——徼（王弼本）

帛書甲：恒有欲也，以觀其所噭。(94)

帛書乙：恒又欲也，以觀亓所噭。(44下)

漢簡本：恒有欲，以觀其所僥。(125)

王弼本：常有欲，以觀其徼。（《道藏》12-272）

有、又皆爲匣母之部，「有」從又得聲，音同，故能與「又」通假。朱駿聲《說文通訓定聲‧頤部》〔註25〕：「有，叚借爲又。」《書‧堯典》〔註26〕：「朞三百有六旬有六日。」《詩‧邶風‧終風》〔註27〕：「不日有曀。」鄭玄箋：「有，又也。」《漢書‧韓信傳》：「淮陰少年又侮信。」王念孫《讀書雜

〔註23〕 司馬遷：《史記》，中華書局標點本，1959 年，本文所引《史記》，皆出自此版本，後例不再說明。

〔註24〕 張自烈：《正字通》，清康熙清畏堂刊本，本文所引《正字通》，皆出自此版本，後例不再說明。

〔註25〕 朱駿聲：《說文通訓定聲》，北京：中華書局，1998 年。本文所引《說文通訓定聲》，皆出自此版本，後例不再說明。

〔註26〕 （唐）孔穎達等：《尚書正義》，《十三經注疏》，北京：中華書局 1980 年影印。本文所引《書》，皆出自此版本，後例不再說明。

〔註27〕 （唐）孔穎達等：《毛詩正義》，《十三經注疏》，北京：中華書局 1980 年影印。本文所引《詩》及箋注，皆出自此版本，後例不再說明。

志》〔註28〕：「此『又』字非承上之詞。又，讀爲有，言少年中有侮信者也。《古字通》以『又』爲『有』，《史記》正作『少年有侮信者。』」《馬王堆漢墓帛書・經法・國次》〔註29〕：「功成而不止，身危又央。」「又央」即「有殃」。

　　噭、僥、徼皆爲見母宵部字，噭、徼皆從「敫」得聲，故音同可借。《說文・口部》：「噭，吼也，从口，敫聲。一曰噭，呼也。」揚雄《方言》〔註30〕：「啼極無聲，楚謂之噭咷。」《漢書・韓延壽傳》：「噭咷楚歌。」又《說文・彳部》：「徼，循也。从彳敫聲。」段注：「引申爲徼求。」《左傳・文公二年》〔註31〕：「寡君愿徼於周公魯公。」杜預注：「徼，要也。」《漢書・嚴安傳》：「民離本而徼末矣。」顏師古注：「徼，要求也。」《尹文子・大道》〔註32〕：「故窮則徼終，徼終則反始。」此即《易・繫辭下》之所謂「原始要終」也。《集韻・筱韻》：「僥，僥倖，求利不止皃。」《莊子・在宥》：「幾何僥倖而不喪人之國乎？」郭慶藩《集釋》：「僥，要也，求也。」故帛書本「噭」當爲借字，徼、僥義同，爲本字。此所謂「觀其循」、「觀其求」，即觀其有欲之時的慾望之動機。從有名、有欲之中，進而窺見大道之本。萬物從大道中出，乃大道之顯現，有名、無名，有欲、無欲，同出而異名，本於道。

　　王弼注：「徼，歸終也。凡有爲之利，必以無爲用；欲之所本，適道而後濟。故常有欲，可以觀其終物之徼也。」焦竑〔註33〕說：「徼讀如邊徼之徼，言物之盡處也。晏子曰：徼也者，德之歸也。列子曰：死者德之徼。皆指盡處而言。蓋無之爲無，不待言已；方其有欲之時，人皆執以爲有。然有欲必有盡，及其盡也，極而無所更往，必復歸於無，斯與妙何以異哉！」這種把

〔註28〕 王念孫：《讀書雜志》，南京：江蘇古籍出版社，1985年。本文所引《讀書雜志》，皆出自此版本，後例不再說明。
〔註29〕 國家文物局古文獻研究室：《馬王堆漢墓帛書》〔壹〕，北京：文物出版社，1980年。本文所引《馬王堆漢墓帛書》，皆出自此版本，後例不再說明。
〔註30〕 揚雄：《輶軒使者絕代語釋別國方言》，四部叢刊影印宋刊本。本文所引《方言》，皆出自此版本，後例不再說明。
〔註31〕 （唐）孔穎達：《春秋左傳正義》，《十三經注疏》，北京：中華書局1980年影印。本文所引《左傳》及注，皆出自此版本，後例不再說明。
〔註32〕 歷時熙：《尹文子簡注》，《諸子集成》，北京：中華書局，1978年。本文所引《尹文子》，皆出自此版本，後例不再說明。
〔註33〕 （明）焦竑：《老子翼》，上海：廣文書局，1983年。本文所引焦竑《老子翼》，皆出自此版本，後例不再說明。

「徼」與「妙」等同的說法不可取，此文「徼」、「妙」對文，必有區別。有欲則有求，故「徼」爲求義。《玉篇·彳部》：「徼，要也，求也。」嚴遵《指歸》〔註34〕云：「心如金石，形如枯木，默默隅隅，志如駒犢者，謂無欲之人，復其性命之本也。且有欲之人，貪逐境物，亡其坦夷之道，但見邊小之徼，迷而不反，喪失眞元。」《雲笈七籤·元氣論》〔註35〕：「元氣無號，化生有名；元氣同包，化生異類。同包無象，乃一氣而稱元；異居而有形，立萬名而認表。故『無名，天地之始；有名，萬物之母。』『常無欲以觀其妙，常有欲以觀其徼。』徼爲表，妙爲裏。裏乃基也，表乃始也。」所謂「觀其妙」，乃觀其無象之象，此爲直達大道之根源，此或爲禪宗頓悟之法；「觀其徼」，乃循其名而認其表，即觀其有形之象，從現象看本質。在嚴遵看來，或「迷而不反，喪失眞元」，離道愈遠；但此章文義，雖言大道微妙，但亦言道之顯現和表象，故「觀其所徼」有循名責實之義，循其名、觀其表，進而體認其本。然此法有極易陷入迷而不反之境地，故爲嚴遵所不取，此有欲之過也。

胃（帛書甲乙）——謂（王弼本）

帛書甲乙：兩者同出，異名同胃。（94，44下）

漢簡本：此兩者同出，異名同謂。（125）

王弼本：此兩者同出而異名，同謂之玄。（《道藏》12-272）

胃、謂皆爲匣母物部字，謂從「胃」得聲，音同可借。《馬王堆漢墓帛書·經法·君正》：「因天地之生也以養生，胃之文。」《說文·言部》：「謂，報也。從言，胃聲。」段玉裁注：「凡論人論事得其實謂之報。謂者，論人論事得其實也。」「胃」乃「謂」之假借。

王弼本和漢簡本有「此」字，乃承接上文而言，但句式有別，漢簡本與帛書本同，當從此兩本。

本章整理：道可道也，非恒道也；名可名也，非恒名也。无名，萬物之始也；有名，萬物之母也。故恒无欲也，以觀其妙；恒有欲也，以觀其所徼。兩者同出，異名同謂，玄之又玄，眾妙之門。

〔註34〕 嚴遵：《老子指歸》，王德有點校，北京：中華書局，1994年。本文所引《指歸》，皆出自此版本，後例不再説明。

〔註35〕 張君房：《雲笈七籤》，北京：中華書局，1996年。本文所引《雲笈七籤》，皆出自此版本，後例不再説明。

第二章 養 身

智（楚簡本）──智（漢簡本）──知（帛書甲乙、王弼本）

敳、敳（楚簡本）──美（帛書甲乙、王弼本、漢簡本）

亞（楚簡本、帛書乙、漢簡本）──惡（帛書乙、王弼本）

楚簡本：天下皆智敳之爲敳也，亞已。（甲15）

帛書甲：天下皆知美爲美，惡已。（95）

帛書乙：天下皆知美之爲美，亞已。（44下-45上）

漢簡本：天下皆智美之爲美，亞已。（127）

王弼本：天下皆知美之爲美，斯惡已。（12-273）

智乃「嬭」、「智」之異體，《說文》：「嬭，識詞也。从白，从亏，从知。」段玉裁注：「按：從知會意，知亦聲。」徐鍇《繫傳》：「知者必有言，故文白知爲嬭。白者，詞之氣也。亏亦氣也，知不窮，氣亦不窮也。」徐灝箋：「知、嬭本一字，嬭隸省作智。」《正字通・矢部》：「嬭，古文智。」朱珔《段借義證》〔註1〕：「經典多用『知』爲『嬭』，間用『智』字以別之。」《釋名・釋言語》〔註2〕：「智，知也，無所不知也。」《墨子・耕柱》〔註3〕：「豈能智數百歲之後哉！」又《經說》：「逃臣不智其處，狗犬不智其名也。」《說文・矢部》：「知，詞也。从口从矢。」徐鍇曰：「知理之速，如矢之疾也。」《玉篇・

〔註1〕 （清）朱珔：《說文段借義證》，余國慶 黃德寬點校，黃山書社，1997年。本文所引《段借義證》，皆出自此版本，後例不再說明。

〔註2〕 （東漢）劉熙，（清）畢沅疏，王先謙《釋名疏證補》，北京：中華書局，2008年。本文所引《釋名》，皆出自此版本，後例不再說明。

〔註3〕 （清）孫詒讓：《墨子閒詁》，北京：中華書局，1978年。本文所引《墨子》，皆出自此版本，後例不再說明。

矢部》：「知，識也。」智、知皆爲端母之部，音同可借，**智**、智皆從「知」得聲。故**智**、智、知乃一字之異體。

《說文・羊部》：「美，甘也。从羊从大。羊在六畜主給膳也。美與善同意。」段玉裁注：「甘者，五味之一，而五味之美皆曰甘。」《詩・召南・甘棠序》：「美召伯也。」孔穎達疏：「善者言美，惡者言刺。」《玉篇》：「美，或作嬍。」《集韻・旨韻》：「嬍，善也。通作美。」錢大昕《十駕齋養新錄》〔註4〕卷二：「嬍，古美字。」《周禮・地官・大司徒》〔註5〕：「以本俗六安萬民。一曰嬍宮室。」又《師氏》：「師氏掌以嬍詔王。」鄭玄注：「告王以善道也。」賈公顏疏：「嬍，美也。」又《周禮・冬官・考工記・輈人》：「軸有三理，一者以爲嬍也。」鄭玄註：「三理，選材之道。嬍者，其材欲美而無惡也。」《六書統》〔註6〕：「媄，重文作嬍。从女从散。」散、**散**乃「嬍」之形省而異體。楚系文字「美」多作**散**〔註7〕。《汗簡 古文四聲韻》引《古尚書》「美」字作「嬍」〔註8〕。從聲韻上來看，美爲明母脂部、散爲明母微部，脂、微旁轉，音通可借。

《說文・亞部》：「亞，醜也。象人局背之形。賈侍中說以爲次弟也。」段玉裁注：「此亞之本義。亞與惡音義皆同……衣駕切。」王筠《釋例》〔註9〕：「醜是事而不可指，借局背之形以指之。非惟駝背，抑且雞凶（胸），可云醜矣。」《洪武正韻・禡韻》〔註10〕：「惡，亦作亞。」《馬王堆漢墓帛書・經・果童》：「夫地有山有澤，有黑有白，有美有亞。」又《經法・四度》：「美亞

〔註4〕 錢大昕：《十駕齋養新錄》，上海：上海書店出版社，2011 年。本文所引《十駕齋養新錄》，皆出自此版本，後例不再說明。

〔註5〕 （唐）賈公彦：《周禮疏》，《十三經注疏》，中華書局 1980 年影印。本文所引《周禮》，皆出自此版本，後例不再說明。

〔註6〕 （元）楊桓：《六書統》，四庫全書。本文所引《周禮》，皆出自此版本，後例不再說明。

〔註7〕 見滕壬生：《楚系簡帛文字編》（增訂本），武漢：湖北教育出版社，2008 年，第 1012、371 頁例證。

〔註8〕 《汗簡 古文四聲韻》，李零、劉新光整理，北京：中華書局，2010 年 7 月第 2 版第 35 頁下 b，第 97 頁上 b。

〔註9〕 王筠：《說文釋例》，道光二十四年家刻本。本文所引《釋例》，皆出自此版本，後例不再說明。

〔註10〕 樂韶鳳、宋濂等：《洪武正韻》，明萬曆刊本。本文所引《洪武正韻》，皆出自此版本，後例不再說明。

有名，逆順有刑（形）。」帛書《老子》乙本第 20 章：「美與亞，其相去何若？」
《史記·盧綰傳》：「綰孫他人封亞谷侯。」「亞谷」，《漢書》作「惡谷」。《語
林》〔註11〕：「宋人有獲玉印，文曰周惡夫印。劉原父曰：漢條侯印，古『亞』、
『惡』二字通用。」

　　《說文·心部》：「惡，過也。从心亞聲。」《通論》：「有心而惡謂之惡，
無心而惡謂之過。」「惡」亦有醜陋之義，《書·洪範》：「五曰惡，六曰弱。」
孔安國傳：「惡，醜陋。」《左傳·昭公二十八年》：「昔賈大夫惡，娶妻而美。」
杜預注：「惡，亦醜也。」《莊子·山木》：「逆旅人有妾二人，其一人美，其
一人惡。」《晏子春秋·內篇雜下》〔註12〕：「公見其妻曰：『此子之內子邪？』
晏子對曰：『然，是也。』公曰：『嘻，亦老且惡矣。』」張純一《校注》：「惡，
醜陋也。」

　　「亞」有厭惡、憎惡之義，與「惡」音義同。帛書乙本第 8 章：「居眾人
之所亞，故幾於道矣。」乙本第 42 章：「人之所亞，唯（孤）寡不棄（穀）。」
乙本第 75 章：「天之所亞，孰知其故？」「惡」亦有厭惡之義。《廣韻·暮韻》
〔註13〕：「惡，憎惡也。」《睡虎地秦墓竹簡·為吏之道》〔註14〕：「毋喜富，
毋惡貧。」《論語·里仁》〔註15〕：「唯仁者，能好人，能惡人。」

　　「亞」、「惡」亦皆有「次第」之義，此不贅述。《古今字考》：「惡……古
但作亞，加心作惡，加言作誣，並轉註。因各轉聲成亞、惡、誣三文。」故
亞、惡當為古今字。

　　惡為影母鐸部字，亞為影母魚部字，魚、鐸對轉，故亞為惡之借。

　　此（楚簡本）——訾（帛書甲）——斯（帛書乙、王弼本、漢簡本）
　　丌（楚簡本）——其

〔註11〕（明）何良俊《語林》，上海：上海古籍出版社。本文所引《語林》，皆出自
　　　　此版本，後例不再說明。
〔註12〕張純一：《晏子春秋校注》，世界書局出版社，1936 年。本文所引《晏子春秋》，
　　　　皆出自此版本，後例不再說明。
〔註13〕周祖謨：《廣韻校本》，北京：中華書局，1960 年。本文所引《廣韻》，皆出自
　　　　此版本，後例不再說明。
〔註14〕《睡虎地秦墓竹簡》，北京：文物出版社，1978 年。本文所引《睡虎地秦墓竹
　　　　簡》，皆出自此版本，後例不再說明。
〔註15〕（宋）邢昺：《論語疏》，《十三經注疏》，中華書局，1983 年影印。本文所引
　　　　《論語》，皆出自此版本，後例不再說明。

已（楚簡本、王弼本）————矣（帛書甲、帛書乙、漢簡本）

楚簡本：皆智善，此亓不善已。（甲 15）

帛書甲：皆知善，訾不善矣。（95）

帛書乙：皆知善，斯不善矣。（45 上）

漢簡本：皆智善之爲善，斯不善矣。（127）

王弼本：皆知善之爲善，斯不善已。（《道藏》12-273）

此爲清母支部字，訾爲精母支部，斯爲心母支部，三字声母皆屬舌尖前音，故音通可借。

《爾雅‧釋詁下》〔註 16〕：「茲，此也。」邢昺疏：「此者，對彼之稱。言近在是也。」呂叔湘《文言虛字‧附錄》：「此，這個。指人，指物，指地，指時，指事。」《詩‧周頌‧振鷺》：「在彼無惡，在此無斁。」《六書故》〔註 17〕：「此，猶茲也，斯也。」《禮記‧大學》〔註 18〕：「此謂知本。」

《說文》：「訾，不思稱意也，从言，此聲。《詩》曰：翕翕訾訾。將此切。」《列子‧說符》〔註 19〕：「財貨無訾。」《淮南子‧人間》〔註 20〕「訾」引作「此」。「訾」從「此」得聲，故訾、此音通可借，「訾」乃「此」之假借字。

《爾雅‧釋詁》：「斯，此也。」《易‧解》：「朋至斯孚。」《詩‧召南‧殷其雷》：「何斯違期。」「斯」與「此」音義皆同，故可通用。

《集韻‧之韻》：「其，古作丌、亓。」《墨子‧公孟》：「是猶命人葆，而去亓冠也。」孫詒讓《閒詁》：「亓，畢本作『丌』……丌」即『其』字，以意改。王引之云：古『其』字亦有作『丌』者。」《說文‧丌部》：「丌，下基也。薦物之丌。象形。凡丌之屬皆从丌。讀若箕同。」段玉裁注：「平而有足，可以薦物。」《說文》無「其」字，當爲「箕」。徐同柏《從古堂款識學‧周

〔註 16〕 郝懿行：《爾雅義疏》，上海：上海古籍出版社 1983 年影印。本文所引《爾雅》，皆出自此版本，後例不再說明

〔註 17〕 戴侗：《六書故》，明刊本。本文所引《六書故》，皆出自此版本，後例不再說明。

〔註 18〕 （唐）孔穎達《禮記正義》，北京：中華書局，1983 年影印。本文所引《大學》和《禮記》，皆出自此版本，後例不再說明。

〔註 19〕 楊伯峻：《列子集釋》，北京：中華書局，1979 年。本文所引《列子》，皆出自此版本，後例不再說明。

〔註 20〕 劉文典：《淮南鴻烈集解》（萬有文庫本）。本文所引《淮南子》，皆出自此版本，後例不再說明。

丕箕敦》〔註 21〕：「其，箕本字。」《說文·箕部》：「箕，簸也。从竹，𠀠象形；下『其』，丌也。凡箕之屬皆从箕。𠔼，古文箕省。𥭥，亦古文箕。𠀠，亦古文箕。𥳩，籀文箕。𠥓，籀文箕。」丌、亓與「其」當爲古今字。（《說文·土部》：「基，牆始也。从土其聲。」《集韻》：「基，古作𡎺。」）《老子》楚簡本、帛書乙本多用丌、亓。

「其」有遠指之義，多爲「那」義；「此」爲近指之詞，爲「這」義，語義不類，故不相通。

「此其」或有緩讀與急讀的區別，急讀則爲「斯」或「此」或「訾」。

已，用於句子末尾，表示語氣的確定和完結。《玉篇》：「已，止也，畢也，訖也。」《集韻》：「卒事之辭。」《類篇》〔註 22〕：「已，語已也。」《增韻》：「已，語終辭。」《書·洛誥》：「公定，予往已。」《史記·太史公自序》：「皆失其本已。」司馬貞《索隱》：「已者，語終之辭也。」

《說文·矢部》：「矣，語已詞也。从矢以聲。」段玉裁注：「已，止也。其意止，其言曰矣，是爲意內言外。」《荀子·勸學》〔註 23〕：「吾嘗終日而思矣，不如須臾之所學也。」《老子》第 74 章：「夫代大匠斲者，則希有不傷其手矣。」

已爲餘母之部字、矣爲匣母之部字，餘母（喻四）的情況比較複雜，李方桂和周祖謨等探討了餘母和舌音和牙喉音相諧的問題。已、矣音義想通可互用。

亡（楚簡本）——无（帛書甲）——無（漢簡本、王弼本）
楚簡本：又亡之相生也。（甲 15）
帛書甲：有无之相生也。（95）
帛書乙：〔有无之相〕生也。（45 上）
漢簡本：故有無之相生。（127）
王弼本：故有無相生。（12-273）

〔註 21〕 徐同柏：《從古堂款識學》，《續修四庫全書》，上海：上海古籍出版社，1996
　　　　年。本文所引此文，皆出自此版本，後例不再說明。
〔註 22〕 司馬光等：《類篇》，汲古閣影宋鈔本，上海：上海古籍出版社 1984 年影印。
　　　　本文所引《類篇》，皆出自此版本，後例不再說明。
〔註 23〕 （清）王先謙：《荀子集解》，《諸子集成》，北京：中華書局，1978 年。本文
　　　　所引《荀子》，皆出自此版本，後例不再說明。

亡爲明母陽部，無（无）爲明母魚部，魚、陽對轉，音同可借。

《集韻·虞韻》：「無，或作亡。」《洪武正韻》：「亡同無。」段玉裁《說文解字注·亾部》：「亾，亦叚借爲有無之無。」《詩·邶風·谷風》：「何有何亡，黽勉求之。」毛傳：「亡謂貧也。」《論語·雍也》：「有顏回者好學……不幸短命死矣。今也則亡，未聞好學者也。」邢昺疏：「亡，無也。」《藝苑雌黃》：「古惟用亾字，秦時始以蕃蕪之蕪爲有亾之亾，今又變林爲四點。」

帛書甲乙作「无」，王弼本作「無」。見第1章。

懃（楚簡本）──難（帛書乙、漢簡本、王弼本）
惖（楚簡本）──易（帛書乙、漢簡本、王弼本）
城（楚簡本）──成（帛書乙、漢簡本、王弼本）
楚簡本：懃惖之相城也。（甲 16）
帛書甲乙：難易之相成也。（95，45 上）
漢簡本：難易之相成。（127-128）
王弼本：難易相成。（12-273）

「惖」當爲「惕」之異體字，古文有上下結構。《玉篇·心部》：「惖」同「惕」。《集韻·錫韻》：「惕，古書作惖。」《說文·心部》：「惕，敬也。从心易聲。悐，或从狄。」《古文四聲韻》有「惕」字，出自《古周易》；有「惖」字，出自《古尚書》和《義雲章》，似皆與「易」無關。呂祖謙《古易音訓》云：「惕，晁氏曰：案古文作易。」然無例證，蓋借字耳。惕（惖）爲透母錫部，易爲餘母錫部，惕（惖）從「易」得聲，喻四歸定，聲母皆爲舌頭音，故能與「易」音通可借，「惖」乃「易」之假借字。楚系文字「難、易」相對時作惖，皆從心，楚簡對應《老子》第 63 章亦如此（「難」字從土，作懃），第 64 章皆作「易」，不從心。《上博（二）·從政（甲）》第 17 簡：「是以曰：君子懃得而惖使也。」第 18 簡：「是以曰：小人惖得而懃使也。」〔註24〕蓋楚系文字如此。

《說文·心部》：「懃，敬也。从心難聲。」段玉裁注：「敬者，肅也。」《字彙·心部》：「懃，恭也。」《爾雅·釋詁下》：「難，懼也。」《廣韻·潸韻》：「懃，悚懼。」《詩·商頌·長髮》：「不懃不悚，百祿是總。」毛傳：「懃，

〔註24〕滕壬生：《楚系簡帛文字編》（增訂本），武漢：湖北教育出版社，2008 年 10 月，第 923 頁。

恐。」「難」與「戁」相通，《禮記·儒行》：「儒有居處齊難，其坐起恭敬。」
王引之《經義述聞》〔註25〕：「難，讀爲戁。《說文》：『戁，敬也。』徐鍇傳
曰：『今《詩》作熯。』……熯、戁、難，聲相近，故字相通。齊難與恭敬，
義亦相近也。」戁、難皆爲泥母元部字，故「戁」亦或爲「難」之假借字。

奇怪的是，戁、忥（惕）皆爲「敬」義，作「難」、「易」解，顯然爲借
字。「難」、「易」初義本爲鳥名和蜥蜴名，「難」從隹，《廣韻·寒韻》：「難，
《說文》作鸛，鳥也。」《說文·易部》：「易，蜥易，蠑蚸，守宮也，象形。
《祕書》說：日月爲易，象陰陽也。一曰從勿。」後加心符，爲「恭敬」義，
爲「難、易」之借字，或表示心之難，爲事情之難易的根本，故對待難易之
事皆須恭敬而從之。後難、易分別而用，而失謹慎之義，成常用之字矣。

城，楚簡文是上下結構，上「成」下「土」，皆異體也。《釋名》：「城，
成也。一成而不可毀也。」《說文·土部》：「城，以盛民也。從土從成，成亦
聲。𩫏，籀文城從𩫏。」又《戊部》：「成，就也。從戊丁聲。𢦩，古文成從午。」
徐鍇《繫傳》〔註26〕：「戊中宮成於中也。」

成、城皆爲禪母耕部字，「城」乃「成」之借。

耑（楚簡本）——短（帛書甲乙、漢簡本、王弼本）
型（楚簡本）——刑（形）（帛書甲乙、漢簡本）——較（王弼本）
楚簡本：長耑之相型也。（甲16）
帛書甲乙：長短之相刑也。（95-96，45上）
漢簡本：短長之相刑。（128）
河上本：長短相形。（《道藏》12-1）
王弼本：長短相較。（12-273）

《說文》：「耑，物初生之題也。上象生形，下象其根也。」段玉裁注：
「古發端字作此，今則『端』行而『耑』廢，乃多用『耑』爲『專』矣。」
徐鍇《繫傳》：「題猶額也、端也，故發端之耑直如此而已。」《玉篇·耑部》：
「耑，今爲端。」《周禮·冬官·考工記·磬氏》：「已下則摩其耑。」《經典

〔註25〕 王引之：《經義述聞》，商務印書館，1936年。本文所引《經義述聞》，皆出自
　　　　 此版本，後例不再說明。
〔註26〕 （五代南唐）徐鍇：《說文解字繫傳》，四部叢刊影印述古堂景宋寫本。本文
　　　　 所引《繫傳》，皆出自此版本，後例不再說明。

釋文》〔註27〕：「耑，本或作端。」《集韻》：「端，通作耑。」耑、短皆爲端母元部字，故音同可借。「耑」乃「短」之假借字。可參看《老子》第九章：「揣而梲之，不可長保。」（王弼本）帛書乙本「揣」作「掖」。此耑、短相通之證。

型、刑、形皆爲匣母耕部字，音同可借。

刑與形可通。《墨子‧經上》：「生，刑與知處也。」畢沅注：「刑，同形，言人處世，惟形體與知識。」《馬王堆漢墓帛書‧經法‧道法》：「虛無形，其裻冥冥，萬物之所從生。」宋文彥博《一生二賦》：「無名漸散，惟道也寂爾日彰；有物將刑，惟一也淵兮而景從。」「刑」亦通「型」。朱駿聲《說文通訓定聲‧鼎部》：「刑，叚借爲型。」《爾雅‧釋詁上》：「刑，法也。」郝懿行義疏：「刑者，型之叚音也。《說文》：『型，鑄器之瀘也。』經典俱作刑。」《荀子‧彊國》：「刑范正。」楊倞注：「刑范，鑄劍器也。」

形與刑亦通。朱駿聲《說文通訓定聲‧鼎部》：「形，假借爲刑。」《易‧鼎》：「其形渥。」聞一多案：「《集解》形作刑。」《逸周書‧武紀》〔註28〕：「其形愼而殺。」朱又曾《校釋》：「形當爲刑，刑當其罪曰殺。形、刑古通。」形又通「型」。朱駿聲《說文通訓定聲‧鼎部》：「形，叚借爲型。」《左傳‧昭公十二年》：「形民之力。」杜預注：「言國之用民，當隨其力任，如金冶之器，隨器而制形。」孔穎達疏：「鑄冶之家，將作器而制其模，謂之爲形。」《論衡‧物勢》〔註29〕：「今夫陶冶者，初埏埴作器，必模範爲形，故作之也。」以上「形」皆當作「型」。

王弼本作「較」。畢沅〔註30〕云：「古無『較』字。本文以『形』與『傾』爲韻，不應作『較』。」劉師培〔註31〕也說：「《文子》云：『長短相形』，《淮南子‧齊俗訓》曰：『短修相形』。疑《老子》本文亦作『形』，與生、成、傾

〔註27〕 （唐）陸德明：《經典釋文》，北京：中華書局，1983年。本文所引《釋文》，皆出自此版本，後例不再說明。

〔註28〕 （清）朱又曾：《逸周書集訓校釋》（皇清經解續編）。本文所引《逸周書》，皆出自此版本，後例不再說明。

〔註29〕 王充：《論衡》，四部叢刊影印明通津草堂本。本文所引《論衡》，皆出自此版本，後例不再說明。

〔註30〕 畢沅：《經典文字辯證書》，經訓堂叢書。本文所引畢沅語，皆出自此版本，後例不再說明。

〔註31〕 劉師培：《老子斠補》，《劉申叔遺書》，南京，江蘇古籍出版社，1997年。本文所引劉師培語，皆出自此版本，後例不再說明。

協韻，『較』乃後人旁注之字，以『較』釋『形』，校者遂以『較』易『形』矣。」這僅僅是從音韻上來講的，從意義上來看，「長短相較」也講得通，《六書故‧工事三》：「較，比較也。」意爲「比較其長短之形」，形狀的長短大小相互比較。這是一種意義上的替換，文本的傳承者往往根據自己的理解和當時時代語言和語句語詞的通行用法來替換原文，意義卻并沒有實質上的改變，這在經典的文本傳承和引用中最爲常見。

涅（楚簡本）──盈（帛書甲乙）──頃（漢簡本）──傾（王弼本）

楚簡本：高下之相涅也。（甲16）

帛書甲乙：高下之相盈也。（96，45上）

漢簡本：高下之相頃。（128）

王弼本：高下相傾。（12-273）

涅、盈皆爲影母耕部字，頃、傾爲溪母耕部字，聲母皆爲舌面後音，故音通可借。

《字彙補‧水部》〔註32〕：「涅，音盈。」《管子‧宙合篇》〔註33〕：「春采生，秋采苽，夏處陰，冬處陽。此言聖人之動靜、開闔、詘信、涅儒、取與之比因於時。」王念孫《讀書雜志》：「『涅』當爲『逞』，『儒』當爲『偄』，皆字之誤。『逞』與『盈』同，『偄』與『緛』同。『盈緛』猶盈縮也。」《集韻‧清韻》：「逞，晉有樂逞，通作盈。」《史記‧晉世家》：「曲沃攻逞，逞死，遂滅樂氏宗。」裴駰《史記集解》：「《左傳》『逞』作『盈』。」「涅」，從水從呈，會意字，爲水之呈現也，故有水平、盈滿之義。與「盈」音義相通。

《說文‧匕部》：「頃，頭不正也。从匕从頁。」徐鉉曰：「匕者，有所比附，不正也。」段玉裁《說文解字注‧頁部》：「頃，引申爲凡傾仄不正之偁，今則傾行而頃廢。」《詩‧周南‧卷耳》：「采采卷耳，不盈頃筐。」陸德明《釋文》：「《韓詩》云：頃筐，欹筐也。」《說文‧人部》：「傾，仄也。从人从頃，頃亦聲。」朱駿聲《說文通訓定聲》：「（傾）實與『頃』同字。」

〔註32〕　吳任臣《字彙補》，康熙刊本。本文所引《字彙補》，皆出自此版本，後例不再說明。

〔註33〕　郭沫若等《管子集校》，科學出版社，1956年。本文所引《管子》，皆出自此版本，後例不再說明。

　　帛書整理小組：「盈，通行本作傾，蓋避漢惠帝劉盈諱改。盈，假爲呈或逞，呈現。《馬王堆汉墓帛書・經法・四度》：『高下不蔽其形。』」〔註 34〕按此說法，「盈」當爲呈或逞的假借字，亦爲「傾」的假借字。從意義上來看當如此。故從通行本作「傾」。（亦見第 45 章說解）

音（楚簡本、帛書乙、王弼本）──意（帛書甲）──言（漢簡本）
聖（楚簡本）──聲（帛書甲乙、漢簡本、王弼本）
咊（楚簡本）──和（帛書甲乙、漢簡本、王弼本）
楚簡本：音聖之相咊也。（甲 16）
帛書甲：意聲之相和也。（96）
帛書乙：音聲之相和也。（45 上）
漢簡本：言聲之相和。（128）
王弼本：音聲相和。（12-273）

　　「音」與「意」義相通，所謂「話中之音」者，乃「話中之意」也。《管子・內業》：「不可呼以聲，而可迎以音。」王念孫《讀書雜志》：「音，即意也。言不可呼之以聲，而但可迎之以意也。音與力、德、德、得爲韻，明是『意』之借字。」「音以先言，音然後形，形然後言。」《史記・淮陰侯列傳》：「項王暗噁叱咤。」《漢書・韓信傳》「暗」作「意」。

　　「言」與「音」古文形同，所謂「言爲心聲」，心聲即意也，意即「從心察言而知意」。《說文・音部》：「音，聲也。生於心，有節於外，謂之音。宮商角徵羽，聲；絲竹金石匏土革木，音也。從言含一。」《說文・心部》：「意，志也。從心察言而知意也。從心從音。」徐鍇《繫傳》作「從心，音聲。」「意」從「音」得聲，故能相諧；音爲影母侵部，意爲影母職部，言爲疑母元部，聲母皆爲舌面後音，「職」、「侵」通轉，《禮記・玉藻》：「君子之飲酒也，受一爵而色酒如也，二爵而言言斯。」陸德明《經典釋文》：「言言，魚巾反。」言又爲疑母文部字，文、侵通轉，故音、言、意音通可借。「意」、「言」乃「音」之借。

〔註34〕 國家文物局古文獻研究室：《馬王堆漢墓帛書》〔壹〕，北京：文物出版社，1980年，第 13 頁。

《說文‧耳部》:「聖,通也。从耳呈聲。」又「聲,音也。从耳,殸聲。殸,籀文磬。」聲、聖皆從「耳」,故義有相通。《風俗通》〔註35〕:「聖者,聲也。聞聲知情,故曰聖也。」李孝定《甲骨文字集釋》〔註36〕:「(聖,甲骨文)象人上着大耳,從口,會意。聖之初誼為聽覺官能之敏銳,故引申訓『通』;賢聖之義,又其引申也……許君以形聲說之,非是。聽、聲、聖三字同源,其始當本一字。」

聖、聲皆為書母耕部字,故音義皆同可互用。

《玉篇‧口部》:「咊,古文。」咊即和之古文。《說文‧口部》:「咊,相應也。从口禾聲。」《廣韻‧過韻》:「和,聲相應。」《易‧中孚》:「鳴鶴在陰,其子和之。」「咊」、「和」為一字之異體,其古文形如此。

先（楚簡本、帛書甲乙、漢簡本）──前（王弼本）
後（楚簡本）──後（帛書甲乙、漢簡本、王弼本）
墮（楚簡本）──隋（帛書甲乙）──随（王弼本）

楚簡本：先後之相墮也。（甲 16）

帛書甲乙：先後之相隋,恆也。（96,45 下）

漢簡本：先後之相隨。（128）

王弼本：前後相隨。（12-273）

《說文‧先部》:「先,前進也。从儿从之。」徐鉉等曰:「之,往也,往在人上,是先也。一曰始也,故也」段玉裁注:「凡言前者,緩詞;凡言先者,急詞也。」《玉篇》:「先,前也,早也。」《正韻》:「相導前後曰先後。」楊樹達《積微居小學述林》:「按:古『之』與『止』為一文。龜甲文『先』字多從止……止為人足。『先』從儿（古人字）,從止,而義為前進,猶『見』從人、目而義為視,『企』從人止而義為舉踵。」

《說文‧止部》:「前,不行而進謂之歬。从止在舟上。」《廣韻》:「歬,古文前字。」《玉篇‧止部》:「歬,今作前。」《正字通‧刀部》:「前,先也。」

〔註35〕（漢）應劭:《風俗通》,四部叢刊影印元大德刊本。本文所引《風俗通》,皆出自此版本,後例不再說明。
〔註36〕李孝定:《甲骨文字集釋》,台灣中央研究院歷史研究所,1974 年。本文所引《甲骨文字集釋》,皆出自此版本,後例不再說明。

《周禮・天官・太宰》：「祀五帝……前期十日，帥執事而卜日。」陸德明《經典釋文》：「前，本或作先。」《禮記・中庸》：「凡事豫則立，不豫則廢。言前定則不跆，事前定則不困，行前定則不疚，道前定則不窮。」

前爲從母元部字，先爲心母眞部字，聲母同爲舌尖前音，「眞」、「元」旁轉，故音相通。先、前音近義通，故可通用。

《說文》：「後，遲也。从彳幺夊者，後也。逡，古文後，从辵。」義符「彳」、「辵」皆與行走有關，《說文・彳部》：「彳，小步也。象人脛三屬相連也。」《集韻》：「彳亍，足之步也。」《說文・辵部》：「辵，乍行乍止也。从彳从止。讀若《春秋公羊傳》曰：『辵階而走』。」桂馥《義證》〔註37〕：「辵，猶彳亍也。」王筠《句讀》〔註38〕：「許君以字形有止，遂說以乍止，非也。部中字皆行義。辵與行同意，行不能左行而右止，辵不能前行而後止，『止』祇是足耳……《廣雅》：『辵，犇也。』《玉篇》：『辵，走也。』是也。」王筠或誤讀許君，「乍行乍止」義爲足舉步而行，足落地而止，貫通起來，爲行走之義。如「亍」，《字彙・二部》：「左步爲彳，右步爲亍，合之則爲行字。」《六書故・人九》：「辵，循道疾行也。」《六書正譌》：「辵，从彳从止，會意。隸作辶。有與足、辵、彳三部相通者。」

故逡、後義同，爲異體字。

墮爲定母歌部，隋、隨爲邪母歌部，根據錢玄同「邪紐古歸定紐」說，墮、隋、隨音通可借。

《說文・辵部》：「隨，从也。从辵，墮省聲。」徐鍇《繫傳》：「隨，從也。從辵，隋聲。」《玉篇・阜部》：「隋，隨從也。」《儀禮・聘禮》：「使者入，及眾介隨如，北面東上。」隨與「隋」通，《史記・天官書》：「前列直斗口三星，隨北端兌，若見若不。」司馬貞《索引》本作「隋斗端兌」，《漢書・天文志》作「隨北端銳」。王先謙《補注》：「隋、隨字通。」《馬王堆漢墓帛書・經法・明理》：「如景（影）之隋刑（形），如向（響）之隋聲。」

《廣韻・支韻》：「隋，國名。本作隨。《左傳》曰：『東漢之國隨爲大。』漢初爲縣，後魏爲郡，又改爲州，隋文帝去辵。」

〔註37〕 （清）桂馥：《說文解字義證》，連筠簃叢書，上海古籍出版社 1987 年影印。本文所引桂馥《義證》，皆出自此版本，後例不再說明。

〔註38〕 王筠：《說文句讀》，同治四年王氏刻本，上海古籍出版社 1987 年影印。本文所引王筠《句讀》，皆出自此版本，後例不再說明。

《說文》：「隋，裂肉也。从肉，从隓省。」《玉篇‧阜部》：「隋，落也。墮，同隋。」此「隋」爲定母歌部字。《說文‧𨸏部》：「隓，敗城𨸏曰隓。从𨸏差聲。𡐦，篆文。」《漢書‧刑法志》：「周道衰，刑法𡐦。」顏師古注：「𡐦，即墮字。墮，毀也。」𡐦、墮爲一字之異體。墮、隨皆從「隋」得聲，音通可借。

墮、隋乃隨之借。北大漢簡本此處之「遀」乃「隨」之異體。

帛書甲乙本在「先後之相隨」後有「恒也」二字。「有无之相生也」等句，因「之」字而取消了句子的獨立性，故以「恒也」作爲其謂語，以成爲一個完整的句子。楚簡本、漢簡本、傅奕本有「之」字，只有主語而無謂語，不能成爲一個完整的句子；傳世本無「之」字，其句式則相對完整，但於義也有所欠缺。高明云：「最後有『恒也』二字，今本挩漏。它是對前文諸現象的總概述，……有『恒也』二字則前後語意完整；無此二字則語意未了，似有話待言之感。再如經文本韻讀，『生』、『成』、『形』、『盈』、『恒』協韻，語尾無『恒』字，則失韻。」〔註39〕

本段是承接上文美與惡、善與不善而來，故能互文見義而簡化。這種相對性的概念正是引起人們分別心的妄執，是束縛人類心靈的枷鎖，因此而形成的我們所謂的人格，這個人格戴著這種枷鎖在翩翩起舞，自以爲是而不能自拔。老子告訴我們的是，當美面對醜陋的時候，美已不再是眞正的美；當善良眞誠面對邪惡虛假的時候，善已經不再是眞正善了。這兩種對立的東西會隨著環境的改變而改變，會隨著人看事物的角度或所處的立場不同而發生對立性的變化，這正是我們的分別心在作怪。萬物皆是一體一性的，沒有好壞、對錯之分，是我們的分別心破壞了這種和諧。大愛是不分彼此的，分別心是引起爭鬥之源。以有爲的心和人格對待無爲而自然的萬物，終究會偏離大道愈來愈遠，故有後面的說教曰：「是以聖人居无爲之事，行不言之教。萬物作而弗始也，爲而弗恃也，成功而弗居也。」老子告訴人們的就是要破除這種分別心、二元對立之心。

〔註39〕高明：《帛書老子校注》，北京：中華書局，1996 年，第 231 頁。

聖（楚簡本、漢簡本、王弼本）──聲（帛書甲）──耶（帛書乙）

居（楚簡本、帛書甲乙、漢簡本）──處（王弼本）

楚簡本：是以聖人居亡爲之事。（甲 16-17）

帛書甲：是以**聲**人居无爲之事。（96）

帛書乙：是以**耶**人居无爲之事。（45 下）

漢簡本：是以聖人居無爲之事。（128-129）

王弼本：是以聖人**處**無爲之事。（12-273）

耶，從聖省，異體字。楚系文字亦有用耶字之例。《郭店楚簡·唐虞之道》第 3 簡：「耶道備矣。」第 6 簡：「先聖與後耶。」《上博竹簡·緇衣》第 11 簡：「我弗貴耶。」《上博竹簡·性情論》第 14 簡：「聞笑耶（聲）。」〔註 40〕「聖」、「聲」同源通用（詳見前說）。李孝定《甲骨文字集釋》：「（聖，甲骨文）象人上着大耳，從口，會意。聖之初誼爲聽覺官能之敏銳，故引申訓『通』；賢聖之義，又其引申也……許君以形聲說之，非是。」從耶字從耳從口來看，「聖」字即不是如許慎所說「呈聲」。聲、聖皆爲書母耕部字，音同可借，聲爲聖之借。

此字之用字規律爲：帛書甲本用「聲」，乙本用耶，漢簡本和王弼等通行本用「聖」。

《說文·尸部》：「居，蹲也。从尸，古聲，居從古。踞，俗居從足。」段玉裁注：「凡今人居處字，古祗作凥處。居，蹲也。凡今人蹲踞字，故祗作居。」「今字用蹲踞字爲凥處字而凥字廢矣，又別製踞字而居之本義廢矣。」引申爲居住之義。《詩·邶風·擊鼓》：「爰居爰處，爰喪其馬。」《易·繫辭下》：「上古穴居而野處。」《老子》此處之「居」與下文「行」互文見義，當爲「處於什麼樣的一個狀態」之義。《玉篇·尸部》：「居，處也。」《書·伊訓》：「居上克明，爲下克忠。」

《說文·几部》：「処，止也。得几而止。从几从夂。處，処或从虍聲。」《廣雅·釋詁二》：「處，凥也。」《墨子·節用》：「因陵丘掘穴而處焉。」

居、處義同可通用。

〔註 40〕滕壬生：《楚系簡帛文字編》，武漢：湖北教育出版社，2008 年 10 月，第 999頁。

季（楚簡本）——教（帛書乙、漢簡本、王弼本）

楚簡本：行不言之季。（甲 17）

帛書甲：行〔不言之教〕。（96-97）

帛書乙（45 下）、漢簡本（129）、王弼本（12-273）：行不言之教。

《說文》：「教，上所施下所效也。从攴从季。凡教之屬皆从教。䂬，古文教。𡥈，亦古文教。」

徐鍇《繫傳》：「攴所執以教導人也……言，……以言教之。」段玉裁注：「上施，故從攴；下效，故從季。」季從爻從子，乃「教」之形省。《古文四聲韻》引郭昭卿《字指》「教」字即有從爻從子之孝（第 10 頁上 a，123 頁下 a）。《說文・子部》：「孝，放也。从子爻聲。」《字彙補・子部》：「孝，音教。」郭忠恕《佩觿》：「孝，孝導。」《古文四聲韻》引《古老子》「學」字也有從爻從子之孝（第 133 頁下 a）。《說文・教部》：「斆，覺悟也。从教从冖。冖，尚矇也。臼聲。學，篆文斆省。」《玉篇・子部》：「學，受教也。」《字彙補・子部》：「學，受教傳業也。」《廣雅・釋詁四》：「學，教也。」《集韻・效韻》：「教，《說文》：『上所施下所效也。』或作學。」《國語・晉語九》〔註 41〕：「順德以學子，擇言以教子，擇師保以相子。」韋昭注：「學，教也。」《禮記・文王世子》：「凡學世子即學士，必時。」鄭玄注：「學，教也。」故季（孝）、教、學原爲一字，後分化爲有主動之義的「教」和有被動之義的「學」。

勿（楚簡本）——物（帛書乙、漢簡本、王弼本）

伇（楚簡本）——昔（帛書乙）——作（漢簡本、王弼本）

弗（楚簡本、帛書本、漢簡本）——不（王弼本）

忖（楚簡本）——始（帛書乙）——辤（漢簡本）——辭（王弼本）

楚簡本：萬勿伇而弗忖也（甲 17）。第 16 章：萬勿方复（甲 24）。

帛書乙：萬物昔而弗始。（45 下）

漢簡本：萬物作而弗辤。（129）

王弼本：萬物作焉而不辭。（12-273）

《說文・勿部》：「勿，州里所建旗。象其柄，有三游。雜帛，幅半異。所以趣民，故遽，稱勿勿。凡勿之屬皆从勿。㫶，勿或从㫃。」與「物」通，

〔註 41〕《國語》，上海：上海古籍出版社，1982 年。本文所引《國語》，皆出自此版本，後例不再說明。

《周禮・春官・司常》：「（九旗）雜帛爲物。」「物」即「勿」之義。《呂氏春秋・恃君》：「君道何如？利而物利章。」許維遹《集釋》〔註42〕：「俞樾云：物當爲勿。《尚書・立政篇》『時則物有間之』，《論衡・譴告篇》作『時則勿有間之』⋯⋯是古字本通用也。」《六書正譌》〔註43〕：「勿，事物之物，本只此字，後人加牛以別之。」《說文・牛部》：「物，萬物也。牛爲大物；天地之數，起於牽牛，故从牛，勿聲。」王國維《觀堂集林・釋物》：「古者謂雜帛爲物，蓋由『物』本雜色牛之名，後推之以名雜帛。」〔註44〕《詩・小雅・無羊》：「三十維物，爾牲則具。」毛傳：「異毛色者三十也。」《釋名・釋兵》：「（九旗）雜帛爲物，以雜色綴其邊爲燕尾，將帥所建，象物雜色也。」「勿」、「物」本爲雜色旗、雜色牛，借爲「萬物」之「物」，或因萬物色雜不同耳。楚系文字「物」皆作「勿」。〔註45〕故「勿」當爲「物」之本字，古今字也。勿、物皆爲明母物部，勿爲物之借。

《說文・人部》：「作，起也。从人从乍。」作，甲骨文爲「乍」，金文也作「乍」，亦有上從乍下從又，即復〔註46〕。《漢簡》引《華嶽碑》、《荊山文》「作」爲「乍」〔註47〕。《古文四聲韻》引《古孝經》「作」亦爲「乍」〔註48〕。楚系文字「作」多寫作「复」〔註49〕，亦寫作复（或從彳复）。

作爲精母鐸部字，昔爲心母（或清母）鐸部字，聲母皆爲舌尖前音，故音同可借。上古從昔得聲之字與從作得聲之字多相通用，如「乍」與「措」、

〔註42〕 許維遹：《呂氏春秋集釋》，文學古籍刊行社，1955年。本文所引《呂氏春秋》，皆出自此版本，後例不再說明。

〔註43〕 周伯琦：《六書正譌》，四庫全書本。本文所引《六書正譌》，皆出自此版本，後例不再說明。

〔註44〕 王國維：《觀堂集林》第一冊，北京：中華書局，1959年版，第287頁。

〔註45〕 滕壬生：《楚系簡帛文字編》（增訂本），武漢：湖北教育出版社，2008年10月，第826～828頁。

〔註46〕 高明、涂白奎：《古文字類編》，上海：上海古籍出版社，2008年8月，第22、84、111、112頁。

〔註47〕 《汗簡　古文四聲韻》，李零、劉新光整理，北京：中華書局，2010年7月第2版，第37頁上a，第44頁上b。

〔註48〕 《汗簡　古文四聲韻》，李零、劉新光整理，北京：中華書局，2010年7月第2版，第142頁上b。

〔註49〕 滕壬生：《楚系簡帛文字編》，武漢：湖北教育出版社，2008年10月，第286～287頁。

「乍」與「籍」、「醋」與「酢」、「胙」與「籍」、「酢」與「醋」、「昨」與「昔」、
「柞」與「唶」、「柞」與「譜」、「笮」與「唶」、「笮」與「譜」、「窄」與「措」
等。〔註50〕

　　楚系文字中，從「台」之字皆可借作「怠」，如「始」、「治」、「怡」等，
王獻唐《釋醜》〔註51〕：「（金文『始』）字從司聲，或司、以兩從。」「形體
雖異，皆以所從之聲，變其制作，故吕（即以字）、台同音，從『以』亦猶從
『台』，……以齒音求之，司、姒同音，而齒音『姒』字，以時間及空間關係，
每與舌上音之以相混，亦或讀以。」楚系文字「怠」、「始」、「治」、「怡」相通
皆是其證。典籍中，治、始亦通用。《書‧益稷》：「在治忽。」《史記‧夏本
紀》、《漢書‧律曆志》「治」皆作「始」。《書‧序》：「將治亳殷。」孔穎達《尚
書正義》曰：「束晳云：『孔子壁中《尚書》云：將始宅殷。』」《孟子‧萬章
下》〔註52〕：「始條理也。」宋孫奭《孟子音義》：「始，本作治。」《老子》
此文之「弗始」或即「弗治」，即不治理，不人爲干預，聽其自然也。而「始」
也有治理之義，《詩‧大雅‧靈臺》：「經始靈臺，經之營之。」

　　始爲書母之部字，辭爲邪母之部字，「書」爲舌上音，「邪」爲齒頭音，
如上文王獻唐所說，「以齒音求之，司、姒同音，而齒音『姒』字，以時間及
空間關係，每與舌上音之以相混。」此又爲王說得一例證矣。又根據錢玄同
「邪紐古歸定紐」之說，以及錢大昕古無舌上音，「照三歸定」說，始、辭聲
母皆爲舌頭音。故始、辭音通可借。

　　《說文》：「辭，訟也。從辭，辭猶理辜也。辭，理也。嗣，籀文辭，從
司。」「辭，理也。」「辭」之籀文爲「嗣」，從「司」，「辭」、「司」皆有治理
之義。古文如《毛公鼎》、《石鼓文》「辭」從「司」。因而，「辭」的本義與治、
始相通，有治理之義。「不辭」與王弼注解《老子》的無爲思想一致：《老子》
第十七章王弼注：「大人在上，居無爲之事，行不言之教，萬物作焉而不爲始。」
即萬物興起成長而不用去管理治理它，也就是順其自然，無爲而已。「始」在
這裡只有解釋爲治理才能說得通，上舉《靈臺》：「經始靈臺，經之營之。」

〔註50〕　高亨、董治安：《古字通假字典》，濟南：齊魯書社，1989 年，第 904～905
　　　　頁。

〔註51〕　《王獻唐著述三種》，青島出版社，2008 年。本文所引王獻唐語，皆出自此版
　　　　本，後例不再說明。

〔註52〕　（宋）孫奭：《孟子音義》，《十三經注疏》，北京：中華書局 1980 年影印。本
　　　　文所引《孟子》，皆出自此版本，後例不再說明。

中的「始」就釋爲治理。《老子》第三十七章王弼注曰:「輔萬物之自然而不爲始。」也是因其萬物的自生自長而不人爲的參與其中,爲什麼呢?王弼在《老子》第三十章的注中作了說明:「爲始者,務欲立功生事,而有道者務欲還反無爲。」「立功生事」就是經營、治理之義。「弗始」與《老子》第十章所說的「生而不有」、「長而不宰」的思想是一致的,「道法自然」、無爲的思想在此體現無遺。

《說文·辛部》:「辤,不受也。从辛从受。受辛宜辤之。辝,籀文辤从台。」《馬王堆漢墓帛書·經·五正》:「黃帝于是辤其國大夫,上于博望之山。」《廣韻·支韻》:「辤,同辭。」

故怠、始、辤、辭音義皆通,可通用。

帛書本多用「弗」,通行本多用「不」。《玉篇·丿部》:「弗,不正也。」徐鍇《說文繫傳》:「弗者,違也。」《廣雅·釋詁四》:「弗,不也。」《書·堯典》:「九載,績用弗成。」孔傳:「功用不成。」《春秋·僖公二十六年》:「公追齊師至巂,弗及。」公羊傳註:「弗者,不之深者也。」又《玉篇·不部》:「不,弗也。」《易·无妄》:「不耕穫,不菑畬。」弗後面的動詞一般爲及物動詞。

弗爲幫母物部,不爲幫母之部,之、物通轉,弗、不音義通可互用。

志(楚簡本、帛書甲)——侍(帛書乙、漢簡本)——恃(王弼本)
楚簡本(112)、**帛書甲**(97):爲而弗志也。
帛書乙:爲而弗侍也。(45下)
漢簡本:爲而弗侍。(129)
王弼本:生而不有,爲而不恃。(12-273)

志爲章母之部字,侍、恃爲禪母之部,聲母皆爲舌面前音,故音通可借。

《說文》:「志,意也,从心,之聲。志者,心之所之也。」《詩序》:「在心爲志。」《禮記·曲禮》:「志不可滿,樂不可極。」孔穎達疏:「六情徧覩,在心未見爲志。」「心之所之」,即有期望、期許、企慕之義,《玉篇·心部》:「志,慕也。」《廣韻》:「志,意慕也。」《儀禮·大射》:「不以樂志。」鄭玄註:「志者,意所擬度也。」《禮記·少儀》:「問卜筮曰:義歟,志歟。義則可問,志則否。」鄭玄註:「義,正事也。志,私意也。」《書·盤庚》:「若

射之有志。」孔穎達疏：「如射之有所準志，志之所主，欲得中也。」《孟子·告子上》：「羿之教人射，必志於彀。學者亦必志於彀。」朱熹注：「志，猶期也。」此皆是心有所爲、所趨向，爲的對象在於所作之事上。「爲而弗志」，即爲而心意不欲有之，不欲主導之，既無所干預，又不期待其回報。

朱駿聲《說文通訓定聲·頤部》：「侍，叚借爲恃。」《馬王堆漢墓帛書·經法·亡論》：「守國而侍其地險者削，用國而侍其強者弱。」「侍」乃「恃」之假借字。

《說文》：「恃，賴也，从心寺聲。」「志」與「恃」，從心從止，都有心所趨向之意，聯繫《老子》本文之意，就是「心之有爲，」反其意即是弗志、弗恃，即無爲也。「志」、「恃」音義皆通，可通用。

高亨云：「恃，猶德也，心以爲恩之意。『爲而不恃』，猶言施而不德，謂施澤萬物而不以爲恩也。《莊子·應帝王篇》曰：『化貸萬物而民弗恃。』『而民弗恃』猶言民弗德，謂民不以爲恩也。《在宥篇》曰：『會於仁而不恃。』『不恃』，猶言不德，謂不以爲恩也。老莊書之『恃』字，同於他書之『德』字，《易·繫辭》曰：『勞而不伐，有功而不德。』謂有功而不以爲恩也。《管子·正篇》曰：『愛之生之，養之成之，利民不德。』『利民不德』，謂利民而不以爲恩也。此他書用『德』字之例。恃、德古聲同。故其義同。『恃』從寺得聲，『德』從直得聲，古音並在之部。《詩·柏舟篇》曰：『實維我特。』《釋文》曰：『特，《韓詩》作直。』……即『寺』、『直』聲通之證，然則『恃』、『德』亦可通用矣。」〔註53〕

「志」、「恃」皆有不期待其回報之義，即高亨所說的「不以爲恩也」，也即《老子》第38章所說「上德不德」之義。

王弼本和傅奕本以及傳世本皆有「生而不有」之居，比較王弼本和與之相對應的第二章、第十章、第五十一章、第七十七章（帛書第 79 章），可以發現：第二章，楚簡本、帛書本和漢簡本句式同，王弼本和其他世傳本多「生而不有」一句；第十章，帛書本和漢簡本句式同（楚簡本缺此章）；王弼本和其他世傳本多「生而不有」一句；第五十一章，帛書本、漢簡本、王弼本和其他世傳本句式同，爲「生而弗有也，爲而弗恃也，長而弗宰也，此之謂玄

〔註53〕 轉引自高明：《帛書老子校注》，中華書局，1996 年，第 234 頁。亦見高亨：《老子正詁》，北京清華大學出版社，2011 年，第 7～8 頁，與高明所引有出入。

德」；第七十七章帛書第 79 章），句式也基本相同，帛書本和漢簡本作「爲而弗有」，但王弼本和其他世傳本作「爲而不恃」，這明顯是世傳本爲了字句的一致而一致而人爲的篡改的。總之，出土的竹帛本句式相同，特別是有楚簡本的第二章，而王弼本和其他世傳本也是驚人的一致，這就導致了出土本和世傳本的兩套系統，我們知道，世傳本在傳世的過程中肯定有人爲的改動，我們在王弼本的多出關鍵的字詞句中的訛誤而導致文義的截然變化中是可看的出來的，而出土本是保持了原貌的，簡帛相互比較，其文義暢然明晰，非世傳本所能超越。故當以出土本爲校勘的底本和原則。本書會列專章詳細論證。

城（楚簡本）——成（功）（帛書本、漢簡本）——（功）成（王弼本）
楚簡本：城而弗居。（112）
帛書甲乙：成功而弗居也。（97，46 上）
漢簡本：成功而弗居。（129）
王弼本：功成而弗居。（12-273）

城，《郭店楚墓竹簡》釋文作「成」，并註釋：疑簡文脫「功」字。而廖名春認爲：「楚簡字從成從土，當隸定爲『城』。『城』本字當作『成』。上文『俊而弗怠』、『爲而弗志』與『城而弗居』句式相同。『俊』、『爲』皆單音節辭，此處亦當如此，應作『成』。帛書甲、乙本等『成功』、王弼本等『功成』皆衍一『功』字。」〔註 54〕城、成皆爲禪母耕部字，音通可借，城爲成之借。

「成」字文意已足，且先秦多用單音節字，「成功」等雙音節詞爲單音節向雙音節過渡之痕跡，爲語言發展趨勢。

天（楚簡本）——夫（帛書甲乙、漢簡本、王弼本）
售（楚簡本）——唯（帛書甲乙、漢簡本、王弼本）
楚簡本：天售弗居也，是以弗去也。（112）
帛書甲：夫唯居，是以弗去。（97）
帛書乙（46 上）、**漢簡本**（129-130）：**夫唯弗居，是以弗去。**
王弼本：夫唯弗居，是以不去。（12-273）

〔註 54〕 廖名春：《郭店楚簡老子校釋》，北京：清華大學出版社，2003 年，第 177 頁。

　　《郭店楚墓竹簡》註釋從字形上進行了詳盡的分析，認爲「天」乃「夫」之誤，簡文中的「天」、「而」、「夫」三字因形近而易誤〔註55〕。帛書甲本「居」前脫一「弗」字。

　　楚簡本的「售」字，當爲「唯」之異體。廖名春云：「此字爲上下結構，當作『售』，《郭店楚墓竹簡》釋文從寬式。『售』爲『唯』之異構，這種異寫在戰國文字中習見，陶文中『唯』字還被寫成『口』在『佳』上。」〔註56〕除此之外，郭店竹簡中還有《緇衣》、《尊德性》、《成之聞之》及《上博竹簡・孔子詩論》、《古璽彙編》等中「唯」作「售」形。「唯」有因爲之義，《左傳・僖公二年》：「冀之既病，則亦唯君故。」《禮記・檀弓》：「予唯不食嗟來之食以至於斯也。」售爲禪母幽部，唯爲餘母幽部，聲母皆爲舌頭，幽、微旁對轉？。

　　本章整理：天下皆知美之爲美，惡已；皆知善，斯不善矣。有无之相生也，難易之相成也，長短之相形也，高下之相傾也，音聲之相和也，先後之相隨，恒也。是以聖人居无爲之事，行不言之教。萬物作而弗始也，爲而弗恃也，成而弗居也。夫唯弗居，是以弗去。

〔註55〕見荊門市博物館：《郭店楚墓竹簡》，北京：文物出版社，1998年5月，第115頁。

〔註56〕廖名春：《郭店楚簡老子校釋》，北京：清華大學出版社，2003年，第178頁。

第三章　安　民

上（帛書甲乙、漢簡本）──尚（王弼本）

帛書甲乙（97，46上）、**漢簡本**（131）：不上賢。

王弼本：不尚賢。（12-273）

《說文・上部》：「上，高也。此古文上，指事也。上，篆文上。」段玉裁注：「古文上作二。」《六書本義》〔註1〕：「橫一以指其體，上短者指其物，物在體之上曰上，在下曰下。」

「上」通「尚」，爲尊崇之義。《管子・立政》：「論百工，審時事，辨功苦，上完利。」《呂氏春秋・盡數》：「今世上卜筮禱祠，故疾病愈來。」孫鏘鳴《補正》：「上，尚也。」

《說文・八部》：「尚，曾也。庶幾也。从八向聲。」徐灝箋注：「尚者，尊上之義，向慕之稱。尚之言上也，加也。曾猶重也，亦加也。故訓爲曾，庶幾。」《集韻・漾韻》：「尚，貴也。」《字彙・小部》：「尚，崇也，又尊也。」《易・剝・象》：「君子尚消息盈虛，天行也。」孔穎達疏：「君子通達物理，貴尚消息盈虛。」《正字通・小部》：「尚，與上通。」朱駿聲《說文通訓定聲・狀部》：「尚，叚借爲上。」上、尚皆爲禪母陽部字，音義同可互用。

〔註1〕　（明）趙撝謙：《六書本義》，四庫全書本。本文所引《六書本義》，皆出自此版本，後例不再說明。

乚（帛書甲乙）──亂（漢簡本、王弼本）

民（帛書甲乙）──心（漢簡本）──民心（王弼本）

帛書甲：不〔見可欲〕，使民不乚。（98）

帛書乙：不見可欲，使民不乚。（46 上-46 下）

漢簡本：不見可欲，使心不亂。（131）

王弼本：不見可欲，使民心不亂。（12-273）

《說文‧乙部》：「亂，治也。从乙，乙，治之也；从𤔔。」又「𤔔，治也。幺子相亂，𠬪治之也。讀若亂同。一曰理也。𤔔，古文𤔔。」楊樹達《積微居小學述林》：「余謂字當从爪从又，爪又皆謂手也。𤔔从爪、从又者，人以一手持絲，又一手持互以收之，絲易亂，以互收之，則有條不紊，故字訓治訓理也。如此則形義密合無間，許君之誤說顯然矣。」《爾雅‧釋詁下》：「亂，治也。」《玉篇乙部》：「亂，理也。」又《廣韻‧換韻》：「亂，不理也。」《孫子‧勢》：「亂生于治。」《集韻‧換韻》：「亂，紊也。」《左傳‧莊公十年》：「吾視其轍亂，望其旗靡，故逐之。」帛書甲乙本「亂」僅爲右邊一形：「乚」，當爲許慎所說的「乙，治之也。」

《說文‧民部》：「民，眾萌也。从古文之象。凡民之屬皆从民。𥍃，古文民。」《說文‧心部》：「心，人心，土藏，在身之中。象形。博士說以爲火藏。」《荀子‧解蔽》：「心者，形之君也，而神明之主也。」楊倞注：「心出令以使百體，不爲百體所使也。」《黃帝內經‧素問‧靈蘭秘典論》：「心者，君主之官也，神明出焉。」心爲一身之主，是人的靈魂，故能與「民」、「人」義通。傅奕本同王弼本作「民心」，河上公本和想爾注本同漢簡本作「心」。第十二章有「馳騁田獵令人心發狂」一句，人心即民心，本章的「虛其心」也即「虛人心」，故當從「民心」。當然，民代表了心以及心所表現出來的人體的行爲，故亦可從「民」。漢簡本的「心」和世傳本的「民心」或爲後來因後文的「虛其心」而改寫。

知（帛書乙、王弼本）──智（漢簡本）

帛書甲：使夫〔知〕不敢、〔弗〕爲〔而已，則无不治矣〕。（99）

帛書乙：使夫知不敢、弗爲而已，則无不治矣。（46 下-47 上）

漢簡本：使夫智不敢、弗爲，則無不治矣。（132）

王弼本：使夫知者不敢爲也，爲無爲，則無不治。（12-273）

如果「知」爲「智」的借字，則帛書乙本「知」後應有「者」字。敦煌甲本作：「使夫知者不敢、不爲，則無不治。」遂州本作：「使夫智者不敢、不爲也，爲無爲，則無不治。」頗與帛書乙本相近。「知」可作「知道、明白」解，聯繫前一句「恒使民无知无欲也，」則「使夫知不敢、弗爲而已」，當作「知」字，其中的「夫」字指代前一句的「民」，意思則是「使那些民眾知道（明白）不敢（妄動或有所爲）、無爲而已。」不敢的對象應該是爭、盜等生非事端，弗爲的對象應該是不上賢、不貴難得之貨等社會現象。另外，「弗」字的有無也是個問題，王弼等傳世本大都作「不敢爲」，帛書乙本作「不敢弗爲」。這都關係到對文意的理解。音通、句順、意明是我們理解文本的基本要點。根據整體文義，當從帛書乙本和漢簡本。漢簡本的「智」當爲「知」的借字，兩個較古的本子都無「者」字，有「弗」字，句型一致，當從之。

本章所謂的「虛其心」、「弱其志」，指的是柔弱其心志，即《黃帝內經・上古天眞論》所說的「恬淡虛無」，如此才能「眞氣從之」，以此眞氣充其脛骨，即「實其腹」、「強其骨」。

本章整理：不尚賢，使民不爭；不貴難得之貨，使民不爲盜；不見可欲，使民心不亂。是以聖人之治也，虛其心，實其腹，弱其志，強其骨。恒使民无知无欲也，使夫知不敢、弗爲而已，則无不治矣。

第四章　無　源

沖（帛書乙、漢簡本、王弼本）－－盅（傅奕本）

有（帛書乙、漢簡本）——或（王弼本）——又（傅奕本）

帛書甲：〔道沖而用之，有弗〕盈也。（100）

帛書乙：道沖而用之，有弗盈也。（47 上）

漢簡本：道沖而用之，有弗盈。（134）

王弼本：道沖而用之或不盈。（12-273）

傅奕本：道盅而用之，又不滿。（《道藏》11-482）

《說文・水部》：「沖，涌搖也。从水中。讀若動。」段玉裁注：「繇、搖，古今字。涌，上涌也；搖，旁搖也。」

道開始出現湧動的時候，便現出了道的運用，又好像是一種不盈滿的狀態，深沉的好像是萬物的宗祖源頭。祂挫掉了鋒芒銳利，解開了纏繞紛亂，和順光輝，混同塵垢。祂虛無卻似一種存在。我不知道祂是如何產生的，祂是在有形之帝之前。

這一章是描述宇宙萬物產生時的初始狀態。道是寂靜而無形無為的，其妄動時便開啓了眾妙之門，所謂「萬物之宗」，指的就是「道生一」的時代。如「沖」爲「盅」字，作虛解，「道虛」而寂靜，是不會產生用的，因爲沒有湧動就沒有道用，宇宙也就不會生成。佛教也認爲，妄動、波動是宇宙萬物產生的最初條件。沒有妄動，是寂滅混沌的狀態，但是道湧動而產生了作用之後，卻始終處於一種不盈滿的狀態，因爲物壯則老，非道之體現。前兩章皆是就分別心的妄動而言，正是這種妄動啓動了分別妄念，有了這種妄念，就產生了欲求，夢幻般的人生便開始了。如《太上老君說常清靜經》所言：「既

有妄心，即驚其神；既驚其神，即著萬物；既著萬物，即生貪求；既生貪求，即是煩惱；煩惱妄想，憂苦身心；但遭濁辱，流浪生死；常沉苦海，永失真道。」

《說文》：「盅，器虛也。从皿中聲。《老子》曰：『道盅而用之。』」俞樾《評議》〔註1〕云：「『盅』訓『虛』，與『盈』正相對。作『沖』者，假字也。」傅奕、樓古二本作「盅」。樓古本：「道盅而用之，或似不盈。」其他傳世本皆作「沖」。《玉篇·水部》：「沖，沖虛。」段玉裁《說文解字注》：「沖，凡用沖虛字者，皆盅之假借。」帛書甲本殘，此字或作「盅」，但也不排除「盅」為「沖」之假借字，漢簡本正作「沖」。沖為定母多部字，盅為透母多部字，聲母皆為舌尖中音，故「盅」、「沖」音通可借。

蔣錫昌：「古言『盈沖』，亦言『盈虛』。《後漢書·蔡邕傳》：「消息盈沖，取諸天紀。」即《易·豐卦》之「天地盈虛，與時消息」也。唯『盅』本義以器虛為比，故下亦以『不盈』為言。四十五章『大盈若沖，其用不窮』，然則『不盈』猶言『不窮』矣。」然「不盈」指的是道之沖虛而用的狀態而言，不能機械地認為「不盈」是「不窮」義。「不盈」即虛，但虛而不會枯竭，即下一章所說的「虛而不屈」；「用之」即「動而愈出」。〔註2〕

「沖」也指兩山之間狹長的空曠之處，它是空氣和水流的通道，因而既表現為一種衝動的動態，又有一種空虛的形態，即老子所說的「天地之間，其猶橐籥與？虛而不屈，動而愈出。」「安以動之徐生，保此道不欲盈。」在虛靜安寧中有了湧動，便發動了生機，以致生生不息。以《老》釋《老》更能準確地理解文義。這種形狀既虛曠又能沖動，從而表現出它的作用來。如訓為「盅」，只是虛義，而沒有沖用的動態，萬物只是一片死寂，何來生物呢？「沖」既有「虛」義，又有「動」義，較「盅」義更能表達《老子》文義，故當作「沖」。嚴遵《指歸》亦如是解：「道以至虛，故動能至沖。」「沖以虛為宅。」皆是指在寂靜虛無中有了湧動的表現作用。

俞樾：「古『或』字通作『有』，『有』字通作『又』，三字義本相同。此文作『或』，作『有』，作『又』皆通……竊謂王本作『又』，河上本作『或』。

〔註1〕 俞樾：《老子評議》，《諸子評議》，世界書局，1936 年。本文所引俞樾文皆出自此版本，後例不再說明。

〔註2〕 蔣錫昌：《老子校詁》，成都古籍書店 1988 年影印 1937 年商務印書館本，第 29 頁。

王注云：『故沖而用之，又復不盈，其爲無窮，亦已極矣。』足證王本作『又』無疑。《淮南道應訓》引《老子》曰：『道沖而用之，又弗盈也。』《文子・微明》亦云：『道沖而用之，又弗滿也。』此皆作『又』之證。又《御覽》三百二十二引《墨子》曰：『善持勝者以強爲弱，故《老子》曰：道沖而用之，有弗盈也。』是古本一作『有弗盈』矣。」

「又」與「或」通用，如《詩經・小雅・賓之初筵》：「或佐之史。」鄭玄箋：「又助以史。」

《廣雅・釋詁一》：「或，有也。」《書・五子之歌》：「有一於此，未或不亡。」「或」即「有」義。《尚書・洪範》：「無有作好，遵王之道；無有作惡，遵王之路。」其「有」字，《呂氏春秋・貴公》、《韓非子・有度》皆引作「或」。《周易・比・初六》：「有孚」，《豫・上六》：「有渝」，《隨・初九》：「官有渝」，《姤・九五》：「有隕自天」，其中的「有」字，帛書《易》皆作「或」。有、又皆爲匣母之部，或爲匣母職部，之、職對轉，故三字音通可借。

故「或」、「有」、「又」音義通可互用。

潚（帛書甲）──淵（帛書乙、王弼本）

呵（帛書甲、乙）──旖（漢簡本）──兮（王弼本）

始（帛書甲）──佁（漢簡本）──似（帛書乙、王弼本）

帛書甲：潚呵，始萬物之宗。（100）

帛書乙：淵呵，似萬物之宗。（47上）

漢簡本：淵旖，佁萬物之宗。（134）

王弼本：淵兮，似萬物之宗。（12-273）

《說文・水部》：「潚，深清也。从水肅聲。」潚，指水深而清澈；淵，也是指深水。《易・乾》：「或躍在淵。」《廣雅・釋詁三》：「淵，深也。」《詩・邶風・燕燕》：「仲氏任只，秉心塞淵。」毛傳：「淵，深也。」《說文・水部》：「淵，回水也。从水，象形。左右，岸也。中象水皃。渊，淵或省水。囦，古文从口水。」「潚」、「淵」義同，可通用。

「呵」爲曉母歌部，旖爲影母歌部，「兮」爲匣母支部，聲母均屬舌面後音（喉音），歌、支旁對轉，音通可借。

《說文》：「兮，語所稽也。从丂，八，象气越丂也。」段玉裁注：「越、丂皆揚也。八象氣分而揚也。」《廣韻·齊韻》：「兮，語助。」《詩·齊風·東方之日》：「彼姝者子，在我室兮。」《廣韻·箇韻》：「呵，噓氣。」《關尹子·二柱》：「衣搖空得風，氣呵物得水。」辛棄疾《玉蝴蝶·追別杜叔高》：「試聽呵，寒食近也，且住為佳。」兮、呵猶「啊」義。

《說文·㫃部》：「旖，旗旖施也。从㫃奇聲。」指旌旗隨風飄揚的樣子，非語氣詞。呵、兮音義皆通，可通用，旖為借字。帛書本皆作「呵」。當作「兮」。

《廣雅·釋詁三》：「似，類也。」《釋詁四》：「似，象也。」王獻唐《釋醜》：「（金文始）字從司聲，或司、以兩從。」「形體雖異，皆以所從之聲，變其制作，故㠯（即以字）、台同音，從『以』亦猶從『台』，……以齒音求之，司、姒同音，而齒音『姒』字，以時間及空間關係，每與舌上音之以相混，亦或讀以。」「始」從台，「似」從以；始為書母之部字，似為邪母之部字，「書」為舌上音，「邪」為齒頭音，如上文王獻唐所說，「㠯（即以字）、台同音，從『以』亦猶從『台』，……以齒音求之，司、姒同音，而齒音『姒』字，以時間及空間關係，每與舌上音之以相混。」此為王說又得一例證矣。故始、似音通可借。

佁為餘母（喻四）之部字，根據錢玄同「邪紐古歸定紐」以及「喻四歸定」說。始、似、佁聲母皆為舌頭音，「始」、「佁」乃「似」之假借字。

挫（帛書甲、乙）——㭘（漢簡本）——挫（王弼本）
兌（帛書乙）——脫（漢簡本）——銳（王弼本）
芬（帛書乙）——紛（帛書甲、漢簡本、王弼本）
帛書甲：挫其，解其紛。（100）
帛書乙：挫其兌，解其芬。（47上）
漢簡本：㭘其脫，解其紛。（134）
王弼本：挫其銳，解其紛。（12-273）

《說文·金部》：「挫，鍛也。从金坐聲。」用作動詞為用挫磋磨的意思。與「挫」通，《篇海類編·珍寶類·金部》：「挫，折也，摧也。」亦有挫敗義。《史記·楚世家》：「兵挫藍田。」

《說文‧手部》:「挫,摧也。从手坐聲。」《周禮‧冬官‧考工記‧輪人》:「凡揉牙,外不廉而內不挫。」鄭玄註:「挫,折也。」《孟子‧公孫丑上》:「思以一毫挫於人,若撻之於市朝。」《關尹子‧九藥》〔註3〕:「函堅則物必毀之,剛斯折矣;刀利則物必摧之,銳斯挫矣。」

剉、挫為從母歌部,挫為精母歌部,聲母皆為舌尖前音,皆從「坐」得聲。剉、挫音義皆同可互用。挫為借字。

帛書甲本脫一「兌」字。《道藏》此處「銳」之「兌」符作「允」。《說文》:「銳,芒也。从金兌聲。剡,籀文銳从厂剡。」段玉裁注:「芒者,艸耑也,艸耑必纖,故引申為芒角字。」《廣雅‧釋詁二》:「銳,利也。」《淮南子‧時則》:「柔而不剛,銳而不挫。」高誘注:「銳,利也。」「兌」古亦作尖銳、銳利義。《荀子‧議兵》:「仁人之兵,兌則若莫邪之利鋒,當之者潰。」楊倞注:「《新序》作『銳則若莫邪之利鋒』也。」《馬王堆漢墓帛書‧相馬經》:「折方為兌,欲長夬之兌,兌多利。」《史記‧天官書》:「三星隨北端兌。」《漢書》「兌」作「銳」。

銳為餘母月部,脫為透母月部,兌為定母月部,喻四歸定,聲母皆為舌尖中音,故銳、脫、兌音通可借。「兌」、「脫」為「銳」之借。

《說文》:「紛,馬尾韜也。从糸,分聲。」段玉裁注:「韜,劍衣也。引申凡為衣之偁。《釋名》曰:『紛,放也,防其放馳以拘之也。』揚子言『車輪馬馰』,馬馰謂結束馬尾。豈韜之而後結之與?」王筠《句讀》:「《弓部》『弭』下云:『弓無緣,可以解轡紛者』,似即此紛。」

《韻會》:「韜,與弢同。」《漢書‧藝文志》:「《六弢》。」顏師古註:「即今之《六韜》也。弢與韜同。」《莊子‧知北遊》:「解其天弢。」即「解其紛」之意。《廣雅‧釋詁三》:「紛,亂也。」《楚辭‧招魂》〔註4〕:「放陳組纓 班其相紛些。」王逸注:「紛,亂也。」

芬、紛皆為滂母文部,故音同可借。朱駿聲《說文通訓定聲‧屯部》:「芬,叚借為紛。」《漢書‧禮樂志》:「羽旄殷盛,芬哉芒芒。」顏師古注:「芬亦謂眾多。」「芬」為「紛」之假借字。

〔註3〕 《關尹子》,商務印書館,1939年。本文所引《關尹子》,皆出自此版本,後例不再說明。

〔註4〕 《楚辭》,四部叢刊影印明翻宋補注本。本文所引《楚辭》,皆出自此版本,後例不再說明。

塵（帛書、王弼本）——袗（漢簡本）

帛書甲：和其光，同〔亓塵〕。（100）

帛書乙：和其光，同亓塵。（47 上-47 下）

漢簡本：和其光，同其袗。（134）

王弼本：和其光，同其塵。（12-273）

朱駿聲《說文通訓定聲》：「麤，亦省作塵。」《說文・麤部》：「麤，鹿行揚土也。从麤从土。麤，籀文。」段玉裁注：「羣行則塵土甚，引申爲凡揚土之偁。」《玉篇・土部》：「塵，塵埃。」《左傳・成公十六年》：「甚囂，且塵上矣。」《詩・小雅》：「無將大車，祇自塵兮。」引申爲世間爲塵，《文選・王屮〈頭陀寺碑文〉》：「演勿照之明，而鑒窮沙界；導亡機之權，而功濟塵劫。」李周翰注：「塵，猶世也。」塵爲定母眞部，袗爲章母眞部，聲母皆爲舌頭音，故音同可借。袗爲塵之借。

奚侗云：「道不可見，故云『湛』。《說文》：『湛，沒也。』《小爾雅・廣詁》：『沒，無也。』道若可見，故云『似或存』。十四章『無狀之狀，無物之象』，二十一章『忽兮怳兮，其中有象；怳兮忽兮，其中有物』，即此證。」

本章整理：道沖而用之，有弗盈也。淵兮，似萬物之宗，挫其銳，解其紛，和其光，同其塵。湛兮，似或存。吾不知其誰之子也，象帝之先。

第五章　虛　用

省（帛書甲）——姓（帛書乙、漢簡本、王弼本）

帛書甲：聲人不仁，以百省〔爲芻〕狗。（101-102）

帛書乙：取人不仁，〔以〕百省爲芻狗。（47下-48上）

漢簡本（136）、王弼本：以百姓爲芻狗。（12-273）

《說文・眉部》：「省，視也。从眉省，从屮。𥄎，古文从少从囧。」《爾雅・釋詁》：「省，察也。」省作「視、察」等義時讀爲 xing。《易・觀・象》：「先王以省方觀民設教。」孔穎達疏：「以省視萬方，觀看民之風俗以設於教。」《論語・學而》：「吾日三省吾身。」《說文・女部》：「姓，人所生也。古之神聖母，感天而生子，故稱天子。从女从生，生亦聲。《春秋傳》曰：『天子因生以賜姓。』」徐灝注箋：「姓之本義謂生，故古通作生，其後因生以賜姓，遂爲姓氏字耳。」

省、姓皆爲心母耕部字，音同可借。「省」爲「姓」之叚借。

壐（楚簡本）——地（帛書甲乙、漢簡本、王弼本）

勿（楚簡本）——閒（帛書甲乙、王弼本）——間（漢簡本）

楚簡本：天壐之勿。（甲 23）

帛書甲：天地〔之〕閒。（102）

帛書乙（48上）、漢簡本（136）：天地之閒。

王弼本：天地之間。（12-273）

《說文》：「地，元气初分，輕清陽爲天，重濁陰爲地。萬物所陳列也。从土也聲。墜，籀文地从隊。」坔、陸、嶳、墬，亦古文地。《易・說卦》：「坤

爲地。」《白虎通》:「地者,易也。言養萬物懷任交易變化也。」《說文・乁部》:「也,女陰也。象形。𠃑,秦刻石也字。」故「也」當爲「地」之義符,爲會意字。

它爲透母歌部,象爲透母元部,也爲餘母(喻四)歌部;隊爲定母元部,阤、陀爲定母歌部。喻四歸定,故聲母皆爲舌頭音,「歌」、「元」對轉,故它、象、也、隊、阤、陀音通可借。故「地」之籀文「墜」當與「埅」音同。《爾雅・釋地》:「阜,大陸曰阜。」《釋名》:「阜,土山曰阜,言高厚也。」阝爲偏旁,同阜。《說文・𠴛部》:「𠴛,大陸,山無石者。」《玉篇・阜部》:「𠴛,同阜。」故阝、阜、𠴛義同,爲土之義,故埅可省「土」旁,與「陀」乃一字之異體。「陀「阤」於典籍中可互換。阝與土亦可互換,故陀、阤可寫作「地」。

《淮南子・繆稱》:「城峭者必崩,岸崝者必陀。」高誘注:「陀,落也。」劉文典集釋引陶方琦云:「陀即阤字。」《廣雅・釋邱》:「陂阤,險也。」王念孫《疏證》:「阤,與陀同。」

《汗簡》「地」作「墜」。〔註1〕

楚系文字中,地多作埅或「坨」。〔註2〕

《郭店楚墓竹簡》註釋:「間,簡文寫作𠁕。曾姬無卹壺銘文『間』字作閼,簡文則省去『門』,仍讀作『間』。相同的字形也見於包山楚簡。」

「間」同「閒」。《說文》:「閒,隙也。从門从月。閞,古文閒。」徐鍇《繫傳》:「夫門當夜閉,閉而見月光,是有閒隙也。」朱駿聲《說文通訓定聲》:「古文從門從外。按:從內而見外,則有閒也。」「閒」之古文閞閞,其門內之形,象留有一縫隙之形;從月或從日,乃會意也,意爲月光或日光從門縫隙透入也。

楚系文字「間」,或從門從 𠁕,或從門從外,或從門從夕,或簡寫爲 𠁕 〔註3〕,多爲古文閞或閒之異形。《古文四聲韻》引《古老子》「閒」從古文形,「閑」與其形近〔註4〕。間、閒皆爲見母元部,故二字音義通可互用。

〔註1〕 《汗簡　古文四聲韻》,李零、劉新光整理,北京:中華書局,2010 年 7 月第 2 版,第 115 頁。

〔註2〕 滕壬生:《楚系簡帛文字編》,武漢:湖北教育出版社,2008 年 10 月,第 1127 ～1129 頁。

〔註3〕 滕壬生:《楚系簡帛文字編》,武漢:湖北教育出版社,2008 年 10 月,第 993 ～994 頁。

〔註4〕 《汗簡　古文四聲韻》,李零、劉新光整理,北京:中華書局,2010 年 7 月第 2 版,第 80 頁上 a。

亓（楚簡本）──亓（帛書乙）──其（漢簡本、王弼本）
猷（楚簡本、帛書乙）──猶（帛書甲、漢簡本、王弼本）
囨（楚簡本）──橐（帛書甲乙、漢簡本、王弼本）
𥵒（楚簡本）──籥（帛書甲乙、漢簡本）──龠（王弼本）
與（楚簡本、王弼本）──輿（帛書甲乙）──虖（漢簡本）──乎（王
弼本）

楚簡本：亓猷囨𥵒與？（甲 23）
帛書甲：〔其〕猶橐籥輿？（102）
帛書乙：亓猶橐籥輿？（48 上）
漢簡本：其猶橐籥虖？（136-137）
王弼本：其猶橐龠乎？（12-273）

亓、亓、其皆為群母之部字。詳見第二章註釋。

《說文》：「猶，玃屬。从犬酋聲。一曰隴西謂犬子為猷。」王筠《句讀‧犬部》：「猷、猶一字。凡謀猷，《尚書》作猷，毛《詩》作猶。」「猶，《韻會》引作『猷』，又引徐曰：『今作猶。』知今篆以隸改之。而說解中『犬子為猷』，則漏改者也。」段玉裁注：「今字分猷謀字犬在右，語助字犬在左，經典絕無此例。」段說是，猷與猶為一字異體。《廣韻‧尤韻》：「猶，似也。」《詩‧召南‧小星》：「肅肅宵征，抱衾與裯，寔命不猶。」毛傳：「猶，若也。」

《郭店楚墓竹簡》注釋：囨，从「口」，「乇」聲，讀作「橐」。
乇為端母鐸部（又透母鐸部）、託、橐皆為透母鐸部，音通可借。
《說文》：「橐，囊也。从橐省，石聲。」《玉篇》：「囨，古文橐。」《集韻‧鐸韻》：「馲，馲馳，畜名。通作橐。」橐馳即駱駝，言其負橐囊而馳物也。《史記‧樗里子甘茂列傳》之「項橐」，《淮南子‧修務》作「項託」。故囨當為「橐」之假借字。《老子》第 13 章：「若可以託天下。」帛書乙本「託」作「橐」。則「橐」又為「託」之假借字也。

劉信芳：「𥵒字從竹，蘆省聲，『蘆』從萑，吅聲。《馬王堆漢墓帛書‧十六經‧前道》133 下：『道有原而無端，用者實，弗用者蘆。』簡文𥵒應讀如『管』（古音在文部見鈕）。古冶煉鼓風之橐（風箱），以牛皮為之，內置竹管以送風，𥵒即送風之竹管。其字帛書、王本均作『籥』。《詩‧邶風‧簡兮》：『左

手執籥。』《釋文》:『籥,餘若反,以竹爲之,長三尺,執之以舞。』是鼓風之竹管或稱籥,或稱『籥』,所指則一。」〔註5〕程大昌云:「橐冶韛也,籥其管也。橐吸氣滿而播諸爐,管受吸而噓之,所以播也。」廖名春亦云:「籥、籥義近通用,楚簡籥字當爲元部字,上文勿(間)亦爲元部字,如爲『籥』,則爲藥部字,與上文不押韻。」〔註6〕

籥、蓶從「竹」與從「艸」或「⁺⁺」義皆相通,皆爲叩聲。《本草綱目·菜部·蓶菌》:「釋名:蓶盧。時珍曰:蓶當作蓶,乃蘆葦之屬,此菌生於其下,故名。」蘆葦之屬,其桿中空,可作管用。籥、蓶爲匣母(又爲見母)元部,管爲見母元部,音通可借,籥、蓶乃管之借。管與籥、龠義通可互用。

「籥」同「龠」,《說文》:「龠,樂之竹管,三孔,以和眾聲也。」《廣雅·釋樂》:「龠謂之笛,有七孔。」王念孫《疏證》:「龠,或作籥。《邶風·簡兮篇》:左手執籥。毛傳云:籥,六孔。趙岐注《孟子·梁惠王篇》云:籥,蕭也。或曰:蕭,若笛而短,有三孔。」

吳澄:「橐籥,冶鑄所以吹風熾火之器也。爲函以周罩於外者,橐也;爲轄以鼓風於內者,籥也。『天地間猶橐籥』者,『橐』象太虛,包含周徧之體;『籥』象元氣,絪縕流行之用。」

與、与皆爲餘母魚部字,《集韻·魚部》:「与,語辭,通作歟。」《墨子·明鬼》:「豈女爲之與,意鮑爲之與?」《漢書·貢禹傳》:「意豈有所恨與。」顏師古注:「與,讀曰歟?」《說文·車部》:「輿,車輿也。从車舁聲。」又《舁部》:「與,黨與也。从舁从与。与,古文與。」又《欠部》:「歟,安气也。从欠與聲。」徐鍇《繫傳》:「孔子曰:『歸歟!歸歟!』今試言之,則氣緩而安也。」段玉裁注:「(歟)今用爲語末之辭,亦取安舒之意。通作『與』。」《玉篇·欠部》:「歟,語末辭。」故輿、與皆當爲「歟」之假借字。然典籍多用「與」作句尾語辭,故「輿」亦爲「與」之借。

《說文·兮部》:「乎,語之餘也。从兮,象聲上越揚之形也。」

《說文·虍部》:「虖,哮虖也。从虍乎聲。」《集韻·模韻》:「乎,古作虖。」又「虖,歎也。」《馬王堆漢墓帛書·經·成法》:「請問天下猶有一虖?力黑曰:然。」乎爲匣母魚部,虖爲曉母魚部,聲母皆爲喉音,故音通可借。

與、歟、虖、乎皆爲句末語辭,義同可通用。

〔註5〕 劉信芳:《荊門郭店竹簡老子解詁》,臺北:藝文印書館,1999 年 1 月,第 28 頁。
〔註6〕 廖名春:《郭店楚簡老子校釋》,第 240 頁。

屈（楚簡本、漢簡本、王弼本）——淈（帛書甲乙）

楚簡本（112）、漢簡本（137）、王弼本（12-273）：虛而不屈。

帛書甲乙：虛而不淈。（102，48 上）

《說文・尾部》：「屈，無尾也。从尾，出聲。」引申爲「竭」、「盡」義。王弼注：「故虛而不得窮屈。」《荀子・王制》：「以時禁發，使國家足用而財物不屈。虞師之事也。」楊倞注：「屈，竭也。」《漢書・食貨志》：「賈誼曰：用之無度，則物力必屈。」

《說文・水部》：「淈，濁也。从水屈聲。一曰滒泥。一曰水出兒。」朱駿聲《說文通訓定聲・履部》：「淈，叚借爲屈。」《荀子・宥坐》：「其洸洸乎不淈盡，似道。」楊倞注：「淈讀爲屈，竭也。」《逸周書・五權》：「五曰食……極賞則淈，淈得不食。」孔晁注：「淈與屈同。」

屈爲溪母物部、淈皆爲見母物部，聲母皆爲牙音，音通可借。「淈」乃「屈」之假借字。

湩（楚簡本）——踵（帛書甲）——勭（帛書乙）——動（漢簡本、王弼本）

愈（楚簡本、王弼本）——俞（帛書甲乙）——揄（漢簡本）

楚簡本：湩而愈出。（甲 23）

帛書甲：踵而俞出。（102）

帛書乙：勭而俞出。（48 上）

漢簡本：動而揄出。（137）

王弼：動而愈出。（12-273）

《說文・足部》：「踵，追也。从足重聲。一曰往來兒。」往來貌即動也。又《力部》：「動，作也。从力重聲。湩，古文動，从辵。」徲，古文。《集韻》：「踵或作徸。」「辶」、「辵」、「彳」、「足」、「止」、「走」皆與足有關，《汗簡 古文四聲韻》古文「動」即如此〔註7〕。楚系文字「動」作湩，與《汗簡》形近。《郭店・尊德性》第 39 簡：「凡湩民必順民心。」《楚帛書甲五》第 20 甲：「復天旁湩。」《望山楚簡一》第 13 簡：「不可以湩思……」湩亦借爲重：「吾子若湩（重）名其歟？」（《上博簡二・魯邦大旱》第 3 簡）即「童」、「重」相通之

〔註 7〕 《汗簡 古文四聲韻》，李零、劉新光整理，北京：中華書局，2010 年 7 月第 2 版，第 6，7，96 頁。

證。故「運」即爲遫字,《說文・力部》:「遫,古文動从辵。」《晉書・李特載記》:「特安臥不運,待其眾半入,發伏擊之。」《集韻・董韻》:「動,或作勳。」《銀雀山漢墓竹簡・王兵》:「勳如雷神(電),起如蜚(飛)鳥,往如風雨,莫當其前,莫害其後。」

遫從童得聲,童、動、運、勳皆屬定母東部,踵爲章母東部,聲母皆爲舌頭音;踵、動皆從「重」得聲,音通可借。遫、踵、勳、動音形義皆通,故可通用,當爲異體字。

愈、俞、揄皆爲餘母侯部字,音同可借。《小爾雅・廣詁》:「愈,益也。」《詩・小雅・小明》:「曷云其還,政事愈蹙。」鄭玄箋:「愈,猶益也。」《說文・舟部》:「俞,空中木爲舟也。从亼从舟从巜。巜,水也。」「俞」通「愈」。《集韻・曠韻》:「愈,勝也。通作俞。」《荀子・仲尼》:「俞務而俞遠。」《墨子・耕柱》:「我毋俞於人乎?」孫詒讓《墨子閒詁》:「《荀子・榮辱篇》楊注云:『俞讀爲愈。』……《太平御覽》引作愈。」《說文・手部》:「揄,引也。从手俞聲。」《廣韻・虞韻》:「揄,動也。」

「俞」、「揄」乃「愈」之借。

「虛而不屈,動而愈出」或即解釋上一張章的「道沖而用之,有弗盈」之義。道虛而涌搖衝動之時,愈出而不窮竭。

聞(帛書甲乙、漢簡本)──言(王弼本)

竆(帛書甲乙)──窔(漢簡本)──窮(王弼本)

若(帛書甲乙、漢簡本)──如(王弼本)

帛書甲乙:多聞數竆,不若守於中。(20,53)

漢簡本:多聞數窔,不若守於中。(137)

王弼本:多言數窮,不如守中。(12-273)

《說文・耳部》:「聞,知聞也。从耳門聲。聉,古文从昏。」又《言部》:「言,直言曰言,論難曰語。从口辛聲。」聞從耳,知聞而入;言,從口而出。但都是一種感官的運用。知聞爲一切學問的來源,言教也是傳播學問的手段,都是有爲,於義皆相通,但爲老子所不主張。高明從「知聞」的角度論證「聞」的合理性:「『多聞』與『多言』義甚別……先從道旨分析,老子主張虛靜無爲,無知無欲。他認爲知識是一切紛爭的源泉。六十五章云:『夫

民之難治，以其知也。』十九章：『絕聖棄智，民利百倍。』依老子看來，最好是『使民無知無欲』，不學寡聞，如六十四章所云：『學不學，而復眾人之所過。』『多聞』即多學，如《論語・季氏》『友邢多聞』，邢昺疏：『多聞謂博學。』可見『多聞』同老子主張的『使民無知無欲』和『學不學』相抵觸，故此經云『多聞數窮』，前後思想、脈絡完全一致。再如《淮南子・道應》用王壽焚書來說明此經，如云：『王壽負書而行，見徐馮於周。徐馮曰：『事者應變而動，變生於時，故知時者無常行。書者言之所出也，言出於知者，知者（不）藏書』（王念孫《讀書雜志》云：「本作知者不藏書」，今本脫「不」字。）於是王壽焚書而舞之。故《老子》曰：『多言數窮，不如守中。』』王壽焚書故事也見於《韓非子・喻老》，但引《老子》語則為『故曰：學不學，復眾人之所過也。』……『多聞數窮』與『學不學』，皆為棄學之同義語，故同舉王壽焚書以作說明。從而足證《道應》引文有誤，本當作『多聞數窮』。還如《本經》：『博學多聞，而不免於惑。』即本《老子》此文。」〔註8〕「聞」的含義在古籍中較「言」廣，包括耳聞心知和言傳身教的知識，或者只是眼耳鼻舌身意的一個代名詞，故當從帛書本作「聞」。

帛書本和漢簡本上部皆為宀字頭，《說文・宀部》：「宀，交覆深屋也。象形。」《康熙字典》：「田藝衡曰：古者穴居野處，未有宮室，先有宀，而後有穴。宀，當象上阜高凸，其下有凵可藏身之形，故穴字從此。室家宮宁之制，皆因之。」故宀、穴義通，《說文・穴部》：「穴，土室也。」《易・繫辭下》：「上古穴居而野處，後世聖人易之以宮室。」《詩・大雅・緜》：「古公亶父，陶復陶穴，未有家室。」鄭玄箋：「鑿地曰穴。」《廣韻・屑韻》：「穴，窟也。」

《說文・穴部》：「窮，極也。從穴躳聲。」《列子・湯問》：「飛衛之矢先窮。」張湛注：「窮，盡也。」弓者身子在岩穴之下，表示困窘之義，《論語・衛靈公》：「君子亦有窮乎？」

《說文・邑部》：「鄩，夏后時諸侯夷羿國也。從邑，窮省聲。」段玉裁注：「今《左傳》作窮，許所據作鄩，今、古字也。」帛書本原形從宀從身從阝，《長沙馬王堆漢墓簡帛隸作「從宀從身從邑」。阝與阜同，甲骨文象城牆上下之階梯，表城郭城牆以代國都，邑為國義，故阝、邑義通可互用。漢簡本從宀從身從寸。宀下僅能容寸身，亦當為窘困之義，當為窮之異體。

〔註8〕 高明：《帛書老子校注》，第 246～247 頁。

若爲日母鐸部，如爲日母魚部，「鐸」、「魚」對轉，故二字音通可借。

若與如義同，爲好像、如同之義。《書·盤庚》：「若網在綱，有條不紊。」《廣雅·釋言》：「如，若也。」段玉裁《說文解字注·女部》：「如，凡相似曰如。」《詩·鄭風·大叔于田》：「執轡如組，兩驂如舞。」如、若皆可互換。

本章整理：天地不仁，以萬物爲芻狗；聖人不仁，以百姓爲芻狗。天地之間，其猶橐籥乎？虛而不屈，動而愈出。多聞數窮，不若守於中。

第六章 成 象

浴（帛書甲、乙）——谷（王弼本）

帛書甲：浴神〔不〕死，是胃玄牝，玄牝之門，是胃〔天〕地之根。(20)

帛書乙：浴神不死，是胃玄牝，玄牝之門，是胃天地之根。(53)

漢簡本：谷神不死，是謂玄牝，玄牝之門，是謂天地之根。(138)

王弼本：谷神不死，是謂玄牝，玄牝之門，是謂天地根。(12-273)

《說文・水部》：「浴，洒身也。从水谷聲。」朱駿聲《說文通訓定聲・需部》：「浴，叚借爲谷。」又「谷，叚借爲穀。」《說文・谷部》：「谷，泉出通川爲谷。从水半見，出於口。」《詩・邶風・谷風》：「習習谷風，以陰以雨。」孔穎達疏：「孫炎曰：『谷之言穀。穀，生也；谷風者，生長之風。』」生長有長養之義，《廣韻・屋韻》：「谷，養也。」河上公注：「谷，養也，人能養神則不死，神爲五藏之神也。」俞樾《諸子平議》：「《爾雅・釋天》：『東風謂之谷風。』《詩正義》引孫炎曰：『谷之言穀。穀，生也。』』生亦養也。王弼所據本作『谷』，『穀』之叚字；河上本作『浴』者，『谷』之異文。」

蔣錫昌：「《老子》言谷者多矣，……誼皆取其空虛深藏，而未有爲他訓者，此字當亦從之。『浴』、『穀』、『欲』雖可與『谷』並通，然以《老》校《老》，仍當以『谷』爲當。」〔註1〕

「谷神」猶虛神，即虛其神，不勞其神也，與後文「用之不勤」之「勤」釋爲勞一樣。不勞神，則又與養神一致。故「谷」可訓虛，亦可訓養。

〔註 1〕 蔣錫昌：《老子校詁》，第38～39頁。

　　「谷」屬見母屋部字，浴屬餘母（喻四）屋部字，聲母皆爲牙喉音，且浴從谷得聲，故音通可借。

　　「谷」之義，歷來因對文本的意義理解不同而產生的歧義，訓「欲」者，顯然與《老子》文本之義截然乖謬。從楚簡本和帛書本的用「谷」、「浴」、「欲」字的規律中可以明確判斷字當從「谷」。

　　楚簡本用「浴」和「谷」之規律：

　　楚簡甲本：視索保僕，少厶募欲。江海所以爲百浴王，以亓能爲百浴下，是以能爲百浴王。

　　楚簡甲本：皋莫厚唇甚亟欲，咎莫僉唇谷曼，（罪莫厚於甚欲，咎莫僉於欲得。）

　　楚簡甲本：以衍坙人宝者，不谷以兵弻於天下。

　　楚簡甲本：保此衍者，不谷朢呈。

　　楚簡甲本：聖人谷不谷，不貴難曼之貨。

　　楚簡甲本：卑道之才天下也，猷少浴之异江海。

　　楚簡甲本：是以聖人之言曰：我無事而民自𢿾，我亡爲而民自蠿，我好青而民自正，我谷不谷而民自樸。

　　楚簡乙本：上悳女浴，大白女辱。

　　楚簡丙本：是以[聖]人欲不欲，不貴難曼之貨；學不學，復眾之所逃。

　　從楚簡本的用字上可以看出，凡作「欲」者，楚簡本作「谷」或「欲」；而作川谷之「谷」，楚簡本皆作「浴」，蓋如《說文》所說：「谷，泉出通川爲谷。從水」，因其通川從水，所以寫作「浴」。而在帛書本中，凡欲義皆寫作「欲」，而「谷」皆寫作「浴」。因而，「浴神不死」，當爲「谷神不死」。

　　帛書本用「浴」和「欲」之規律（前面數字序號表示章節）：

39 甲乙：浴得一以盈。甲：胃浴毋以盈將恐渴。乙：谷毋以（盈）將渴。

　　甲乙：夫是以侯王自胃孤寡不橐（穀）。不欲祿祿若玉，硌硌若石。

40 乙：上德如浴。

42 乙：人之所亞，唯（孤）寡不橐（穀），

46 甲：罪莫大於可欲，禍莫大於不知足，咎莫憯於欲得。

57 乙：我欲不欲而民自樸。

61 甲乙：故大邦者，不過欲兼畜人；小邦者，不過欲入事人。夫皆得其欲，大者宜爲下。

64 乙：是以耵人欲不欲，而不貴難得之貨；

66 甲乙：江海所以能為百浴王者，以其善下之也，是以能為百浴王。是以聖人之欲上民也，必以其言下之；其欲先民也，必以其身後之。

1 甲乙：故恒無欲也，以觀其眇；恒有欲也，以觀其所噭。

3 乙：不見可欲，使民不亂。恒使民无知无欲也。

6 甲乙：浴神不死，是胃玄牝。

15 乙：湷呵其若浴。 葆此道者不欲盈。

19 乙：見素抱樸，少私寡欲。

20 甲乙：吾欲獨異於人，而貴食母。

22 甲乙：其在道也，曰粽食贅行，物或惡之，故有欲（道）者弗居。

28 甲乙：知其榮，守其辱，為天下浴。為天下浴，恒德乃足。

29 甲：將欲取天下而為之，吾見其弗得已。

31 甲：夫兵者，不詳之器也。物或惡之，故有欲（道）者弗居。

32 甲：天地相谷（合），以俞甘洛，……（甲乙：）卑道之在天下也，猶小浴之與江海也。

34 甲乙：萬物歸焉而弗為主，則恒无欲也，可名於小。

36 甲乙：將欲拾之，必古（固）張之。將欲弱之，【必固】強之。將欲去之，必古（固）與之；將欲奪之，必古（固）予之。是胃（謂）微明。

37 甲：（化）而欲【作，吾將鎮之以无】名之（樸）。【鎮之以】元名之握（樸），夫將不辱。不辱以情（靜），天地將自正。

其規律為：谷借作浴，或用本字；欲用本字。

堇（帛書甲乙）——墐（漢簡本）——勤（王弼本）
帛書甲：縣縣呵若存，用之不堇。（103）
帛書乙：縣縣呵亓若存，用之不堇。（48 下）
漢簡本：縣𡩡若存，用之不墐。（138）
王弼本：縣縣若存，用之不勤。（12-273）
《說文》：「勤，勞也。从力堇聲。」墐、勤從堇得聲，三字皆為群母文部，故音通可借。王弼云：「無物不成而不勞也，故曰『用而不勤』也。」不勞，即不疲倦，用於物質等消耗性的東西，則有不勞竭、不減損的意思。一

個字詞的意義是可以順延和引申的，勤則勞，勞則疲，疲則損，損則減，減則少，少則可以盡矣。故「勤」字在此有否定性的意義。《淮南子・原道》：「旋縣不可究，纖微而不可勤。「高誘注：「勤，盡也。」又《主術》：「力勤財匱。」《文子・上仁》：「力勤財盡。」《晏子・諫下》：「百姓之力勤矣。」「勤」與「匱」互義，有少、乏之義；又與「盡」互義。嚴遵《指歸》云：「動靜玄妙，若亡若存，成物遂事，無所不然。光而不滅，用之不勤者，以其生不生之生，體無形之形也。」指的就是用而不會勞損的「太和妙氣，妙物若神。」另一個解釋就是：用之不要太勤勞，則對應於前面的「養神則不死」，或曰「不勤用之」；與「虛（養）神不死」還是有區別：虛（養）神不會死，則用之不盡，此與上一章「虛而不屈，動而愈出」義一致。河上公從修煉的角度解釋，作「勤勞」解：「用氣當寬舒，不當爲急疾勤勞。」如果「勤」釋爲盡，《老子》此處當用「屈」或「窮」，謂「綿綿若存，用之不窮」。《說文・系部》：「縣，聯微也。从系从帛。」段玉裁注：「聯者，連也。微者，眇也。其相連者甚微眇是曰縣。引申爲凡聯屬之偁。」《玉篇・糸部》：「縣，縣縣不絕也。」《詩・大雅・縣》：「縣縣瓜瓞，民之初生。」毛《傳》：「縣縣，不絕貌。」孔穎達疏：「縣縣，微細之辭，故云不絕貌也。」既然是連綿不絕，用之則不會窮盡，故「不勤」似又可訓爲不盡、不絕。

　　牝爲母，玄牝，因其「谷神不死」，故乃爲生生不息之門也，深遠莫測的奧妙之門，此義與「玄之又玄，眾妙之門」一致，與「淵兮似萬物之宗」之義同。故「玄牝之門」，乃「天地之根」也。

　　漢簡本「縣」字左下之「巾」寫作「木」，當因形近而誤。

　　本章整理：谷神不死，是謂玄牝，玄牝之門，是謂天地之根。縣縣兮若存，用之不勤。

第七章　韜　光

芮（帛書甲）──退（帛書乙）──後（漢簡本、王弼本）

帛書甲：是以聲人芮其身而身先，外其身而身存。（104）

帛書乙：是以耶人退其身而身先，外亓身而身先，外亓身而身存。（49上）

漢簡本（139-140）、王弼本（12-274）：是以聖人後其身而身先，外其身而身存。

「芮」爲日母月部字，退爲透母物部字，聲母皆爲舌頭音，「月」、「物」旁轉，故芮、退音通可借。「芮」爲「退」之假借字。

《玉篇‧辵部》：「退，卻也。」《易‧乾‧文言》：「知進而不知退，知存而不知亡，知得而不知喪，其唯聖人乎？」《禮記‧表記》：「君子三揖而進，一辭而退，以遠亂也。」《左傳‧僖公二十五年》：「退一舍而原降。」「退」有後退、退卻之義。《說文‧彳部》：「後，遲也。从彳幺夂者，後也。遾，古文後从辵。」《玉篇‧彳部》：「後，前後。」有落在後面之義，《韓非子‧喻老》：「三易馬而三後。」《論語‧雍也》：「非敢後也，馬不進也。」退與後義通。「退」有主動意，「後」如果主語爲主動，與「退」義同。本文此居「後」作謂語，主語有主動後退之義。故「退」、「後」爲同義替代。又：退、後字偏旁皆從「足」，字形上金文和其他古文相同或相近（見高明等《古文字類編》第261頁「後」字和第1142頁「退」字），故二字或同源。

第9章帛書甲本有「功述身芮」，「芮」字，帛書乙本和王弼本皆作「退」。

河上公注曰：「先人而後己者，天下敬之先以爲長。薄己而厚人也，百姓愛之如父母，敬之如神明，祐之若赤子，故身長存。」

帛書乙本衍「先，外亓身而身」，為抄寫之誤。我們在曾經的抄寫過程中，也有過這樣的重複誤抄經歷。

不（帛書甲乙、漢簡本）──非（王弼本）
與（帛書甲乙）──虖（漢簡本）──邪（王弼本）
帛書甲：不以其无〔私〕與？故能成其〔私〕。（104-105）
帛書乙：不以亓无私與？故能成亓私（49上-49下）
漢簡本：不以其无私虖？故能成其私。（140）
王弼本：非以其無私邪？故能成其私。（12-274）
王引之《經傳釋詞》卷十：「不，非也。」《墨子·非命》：「上之所賞，命固且賞，非賢故賞也；上之所罰，命固且罰，不暴故罰也。」孫詒讓《閒詁》引王引之云：「不，與非同義，故互用。」不為幫母之部，非為幫母微部，之、微通轉，故二字音義通可互用

與、邪皆為餘母魚部字，虖為曉母魚部字，餘母每與舌、齒、牙喉音相諧，李方桂、周祖謨、王力先生都有所論及。故音同可借。《廣韻·麻韻》：「邪，俗作耶，亦語助。」《洪武正韻·遮韻》：「邪，疑辭，亦作耶。」《莊子·逍遙遊》：「天之蒼蒼，其正色邪？」陸德明《經典釋文》：「邪，助句不定之辭。」「與」為「邪」之假借。《廣韻·模韻》：「乎，古作虖。」又「虖，歎也。」表疑問或感歎，《漢書·張馮汲鄭傳》：「天子置公卿輔弼之臣，寧令從諛承意，陷主於不誼虖？」虖與邪義通可互用。

本章整理：天長地久，天地之所以能長且久者，以其不自生也，故能長生。是以聖人退其身而身先，外其身而身存。不以其无私與？故能成其私。

第八章　易　性

治（似）（帛書甲）——如（帛書乙、漢簡本）——若（王弼本）

帛書甲：上善治水。（105）

帛書乙（49 下）、**漢簡本**（141）：上善如水。

王弼本：上善若水。（12-274）

高明：「古文『台』與『以』同字，『治』與『似』同音，故借『治』爲『似』……『似』、『如』、『若』三字義同。」〔註 1〕

王獻唐《釋醜》：「（金文『始』）字從司聲，或司、以兩從。」「形體雖異，皆以所從之聲，變其制作，故㠯（即以字）、台同音，從『以』亦猶從『台』，……以齒音求之，司、姒同音，而齒音『姒』字，以時間及空間關係，每與舌上音之以相混，亦或讀以。」〔註 2〕

治爲定母之部字，似爲邪母之部字，根據錢玄同的「邪紐古歸定紐」說，聲母皆爲舌頭音；也即王獻唐所說的齒音和舌上音。故治、似音通可借。「治」乃「似」之假借字。如爲日母魚部，若爲日母鐸部，魚、鐸對轉，之、魚旁轉，定母、日母上古皆爲舌頭音，故治、似、如、若音通可借。

《廣雅・釋詁三》：「似，類也。」《釋詁四》：「似，象也。」《易・繫辭上》：「與天地相似，故不違。」《史記・孔子世家》：「東門有人，其顙似堯，其項類皋陶。」似與若、如（見第 5 章解釋）皆有「如同、好像」之義，故義同可通用。

〔註 1〕 高明：《帛書老子校注》，北京：中華書局，1996 年，第 253 頁。
〔註 2〕 王獻唐：《釋醜》，《說文月刊》第 4 卷，1944 年。

靜（帛書甲）——爭（帛書乙、漢簡本、王弼本）

有（帛書甲乙、漢簡本）——不（王弼本）

帛書甲：水善利萬物而有靜……夫唯不靜，故无尤。（105-106）

帛書乙（49下-50上）、**漢簡本**（141-142）：水善利萬物而有爭……夫唯不爭，故无尤。

王弼本：水善利萬物而不爭……夫唯不爭，故无尤。（12-274）

帛書本「爭」、「靜」、「諍」、「情」、「清」、「靚」等用字之規律（前面的數字為章節）：

15　甲：濁而情之余清，女以重之余生。

　　乙：濁而靜之徐清，女以重之徐生。

王弼本：孰能濁以靜之徐清，孰能安以久動之徐生。

16　甲：至虛極也，守情表也。……，靜，是胃復命。

　　乙：至虛極也，守靜督也。……曰靜，靜，是胃復命。

王弼本：致虛極，守靜篤。……歸根曰靜，是胃復命。

23　甲乙：夫唯不爭，故莫能與之爭。

26　甲：（重）為巫根，清為趮君。

　　乙：重為輕根，靜為趮君。

王弼本：重為輕根，靜為躁君。

37　甲：不辱以情，天地將自正。

　　乙：不辱以靜，天地將自正。

王弼本：不欲以靜，天地將自定。

45　甲：趮勝寒，靚勝炅，請靚可以為天下正。

　　乙：趮朕寒，

王弼本：躁勝寒，靜勝熱，清淨為天下正。

57　甲乙、王弼本：我好靜而民自正。

61　甲：牝恒以靚勝牡，為其靚（也，故）宜為下。

　　乙：牝恒以靜朕牡，為其靜也，故宜為下也。

王弼本：牝常以靜勝牡，以靜為下。

66　甲：非以其无靜與，（故天下莫能與）靜。

　　乙：不以其无爭與，故（天）下莫能與爭。

王弼本：以其不爭，故天下莫能與之爭。

68（今 81）乙、王弼本：人之道，爲而弗爭。

70（今 68）甲：（是）胃不諍之德，是爲用人。

乙：是胃不爭（之）德，是爲用人。

王弼本：是謂不爭之德，是爲用人之力。

　　從上可看出甲乙本的用字規律。甲本「爭」假借爲「靜」或「諍」，或用本字；借字從「爭」得聲，爭、諍屬莊母耕部，靜屬從母耕部，「照二歸精」，古音聲母皆爲齒頭音，故音通可借。「靜」假借爲「情」、「清」、「靚」，或用本字；靜、情、清、靚皆屬從母耕部，故音同可借。因而極爲可能的情況是，甲本：水善利萬物而有靜……夫唯不靜（爭），故无尤。第一個「靜「用本字；第二個「靜」用借字，本字爲「爭」。

　　乙本「爭」用本字，「靜」也是用本字。乙本：水善利萬物而有（不）爭……夫唯不爭，故无尤。如第一個「爭」用借字，則僅爲此一例，故第一個「爭」前之「有」應爲「不」之誤，但「有」和「不」在形音義三方面借不能通，當爲篡改；傳世本據文義改「有」爲「不」，這樣就與後文「夫唯不爭」相一致。當然，也不排除「有爭」借爲「有靜」的情況，如此，則與甲本相同。自從四古本《老子》出現以後，發現王弼本在一些關鍵字多有篡改之處，本處的「有」和「不」四古本用字一致，不存在通假問題，王弼本將「有爭」篡改爲「不爭」已是顯然之事實。

　　河上公於此段註釋曰：「眾人惡卑濕垢濁，水獨靜流居之也。」即是對甲本「有靜」的詮釋，故當從帛書甲本作「有靜」。漢簡本此處與帛書乙本同，作「有爭」。帛書本和漢簡本「有」、「不」用字不混，可推「有爭」之「爭」當爲借字。

　　漢簡本於「（居）眾人之所惡」一句，脫「居」字。

予（帛書甲乙、漢簡本）──與（王弼本）

天（帛書乙、漢簡本）──仁（王弼本）

帛書甲：予善信。（105）

帛書乙（49 下-50 上）、漢簡本（141-142）：予善天，言善信。

王弼本：與善仁，言善信。（12-274）

「予」、「與」皆爲餘母魚部字，音義皆同，「給予」義。《說文‧予部》：

「予，推予也。象相予之形。」段玉裁注：「予、與古今字……象以手推物付之。」《詩・小雅・采菽》：「君子來朝，何錫予之。」「彼交匪紓，天子所予。」《禮記・曲禮》：「與人者，不問其所欲。」《周禮・春官・大卜》：「以邦事作龜之八命，一曰征，二曰象，三曰與。」鄭玄註：「與，謂予人物也。」

關於「天」與「仁」，高明取「天」去「仁」，云：「按『仁』是儒家崇尚的行爲，而道家視『仁』乃有爲之表現，故甚藐視。如第三十八章云『上仁爲之』，『失德而後仁』，十八章云『大道廢有仁義』，十九章云『絕仁棄義，民復孝慈』。足見『仁』同老子道旨是抵牾的，經文不會是『與善仁』。老子視天如道，如第二十五章『天法道』，十六章『天乃道』，第九章『功遂身退天之道』，第七十七章『天之道，損有餘而補不足』。再如二十五章『地法天』，河上公注云：『天湛泊不動，施而不求報，生長萬物無所收取。』此即說明水所以『予善天』之義。本經河上公注：『萬物得水以生，與虛不與盈也。』所云並非釋『仁』，『與虛不與盈』正指天道。如第七十七章云：『天之道猶張弓也，高者抑之，下者舉之；有餘者損之，不足者補之。』經文所謂『予善天』，猶言水施惠萬物而功遂身退好如天。且經文多韻讀，『心善淵，予善天，言善信』，『淵』、『天』、『信』皆眞部字，協韻。今本作『與善仁』者，『仁』乃『天』字之誤，或爲後人所改。」〔註3〕

天爲透母眞部，仁爲日母眞部，聲母皆爲舌頭音，故能音通可借，仁爲天之借。

本章講的是「幾於道」的水，天近道，而仁在《老子》文中是排在德之後的，與「道」不是一個層面。今本多作「與善仁」或「與善人」。通行本第七十九章有「天道無親，常與善人」，古文「天」字亦像「人」形，或爲後人據此句後三字而改動。而此句講的是「天道與善」，故而又可以證明「予善天」，即水象天道一樣好給予。漢簡本的出現證實了帛書乙本不誤。帛書甲本只有六種水的特徵，而其他本有七種，故帛書甲本的「予善信」有奪文，當爲「予善〔天，言善〕信」。

〔註3〕 高明：《帛書老子校注》，北京：中華書局，1996年，第256～257頁。

踵（帛書甲）──勭（帛書乙）──動（漢簡本、王弼本）

帛書甲：踵善時。（105）

帛書乙：勭善時。（50 上）

漢簡本（142）、**王弼本**（12-274）：**動善時。**

踵爲章母東部字，動爲定母東部字，聲母皆爲舌頭音，音通可借。「踵」從足，亦有行走之義。童、重音形相通（說見第 5 章）。故踵、動音義皆通可通用。

《玉篇‧尤部》：「尤，過也。」又「責也，怨也。」《詩‧小雅‧四月》：「廢爲殘賊，莫之其尤。」鄭玄箋：「尤，過也。言在位者貪殘，爲民之害，無自知其行之過者。」又《鄘風‧載馳》：「許人尤之，眾穉且狂。」毛傳：「尤，過也。」鄭玄箋：「過之者，過夫人之欲歸唁其兄。」《論語‧憲問》：「不怨天，不尤人。」邢昺疏：「尤，非也。」

本章整理：上善若水，水善利萬物而有靜，居眾人之所惡，故幾於道矣。居善地，心善淵，予善天，言善信，正善治，事善能，動善時。夫唯不爭，故无尤。

第九章　運　夷

枱（楚簡本）——揁（帛書甲乙）——持（漢簡本、王弼本）

楚簡本：枱而涅之。（37）

帛書甲乙：揁而盈之。（106，50 上）

漢簡本（143）、王弼本（12-274）：持而盈之。

《郭店楚墓竹簡》：枱，從「木」「之」聲，疑讀作「殖」，《廣雅・釋詁》：「殖，積也。」〔註1〕

之、止同形，《汗簡　古文四聲韻》從「寺」之字皆從「止」〔註2〕。故枱當隸作「桙」。《說文・木部》：「桙，槌也。从木，特省聲。」《玉篇・木部》：「桙，槌，橫木也。」《方言》卷五：「槌，自關而西謂之槌，其橫謂之栚，齊郡謂之桙。」朱駿聲《說文通訓定聲》：「特從寺聲，則桙亦從寺聲。」古文枱從「寺」聲，與「持」（從「寺」得聲）音通，故可假借。枱為「桙」之異體，「桙」乃「持」之假借字。

《集韻・止韻》：「揁，持也。」《唐韻・職韻》：「揁，常職切，音殖。挂杖曰揁。」音義皆同，可通用。桙為端母職部，持為定母之部，揁為禪母之部，聲母皆為舌頭音，之、職對轉，故三字音通可借，枱（桙）為借字。

《管子・形勢四》：「失天之度，雖滿必涸。」又《樞言十一》：「釜鼓滿則人概之，人滿則天概之。」說的就是這種滿招損，謙受益。

〔註1〕　荊門市博物館：《郭店楚墓竹簡》，北京：文物出版社，1998 年 5 月，第 117 頁。

〔註2〕　《汗簡　古文四聲韻》，李零、劉新光整理，北京：中華書局，2010 年 7 月第 2 版，第 6、71 頁。

　　若（楚簡本、帛書乙）——如（漢簡本、王弼本）
　　楚簡本：不不若已。（38）
　　帛書甲：不〔若其已〕。（106）
　　帛書乙：不若其已。（50 上）
　　漢簡本（143）、王弼本：不如其已。（12-274）
　　若，如也。說見第 5 章。
　　與帛書本、漢簡本和通行本對照，楚簡本「若」前衍一「不」字，而「已」前奪一「其」字。

　　湍（楚簡本）——掘（帛書乙）——桓（漢簡本）——揣（王弼本）
　　羣（楚簡本）——兌（帛書甲）——允（帛書乙、漢簡本）——銳（王弼本）
　　楚簡本：湍而羣之。（甲 38）
　　帛書乙：掘而允之。（50 上）
　　漢簡本：桓而允之。（143）
　　王弼本：揣而銳之。（12-274）
　　揣為章母元部字，湍為透母元部字，聲母皆為舌頭音，且皆從「耑」得聲，故音通可借。
　　《說文・水部》：「湍，疾瀨也。从水耑聲。」
　　《說文・矢部》：「短，有所長短，以矢為正。从矢豆聲。」王筠《說文句讀》：「短、豆雙聲。」《說文・耑部》：「耑，物初生之題也。上象生形，下象其根也。」徐鍇《繫傳》：「題猶額也，端也，古發端之耑直如此而已。」段玉裁注：「古發端字作此，今則端行而耑廢，乃多用耑為專矣。」羅振玉《增訂殷虛書契考釋》：「卜辭耑字增……象水形，水可養植物者也，從止象植物初茁漸生岐葉之狀。」《玉篇・耑部》：「耑，今作端。」《周禮・考工記・磬氏》：「已上則摩其旁，已下則摩其耑。」陸德明《經典釋文》：「耑，本或作端。」「短」與「耑」皆為端母元部字，音通可借（亦見第 2 章），掘為揣之借。
　　《說文・手部》：「揣，量也。从手耑聲。度高曰揣。一曰捶之。」段玉裁注：「捶者，以杖擊也。」《集韻・寘韻》：「揣，治擊也。」《管子・地員》：「小者則治揣而藏止，若眾練絲。」

《說文‧豆部》：「梪，木豆謂之梪。从木、豆。」掋從短得聲，短又從豆得聲，故可與「梪」諧聲。短爲端母元部，梪爲定母侯部，聲母皆爲舌頭（舌尖中）音，出土文獻和典籍常有侯、元旁對轉的情況，如上文「治」與「梏」，此例亦是。故湍、掋、梪皆爲揣的借字。

帛書研究小組認爲：乙本作「掋而允之」〔註 3〕。「允」字，高明認爲是字跡的殘損不清而造成的誤讀，應爲「兌」形。「乙本掋字即『揣』別構，二字聲符一作『短』，一作『耑』，『短』與『耑』皆端紐元部字，讀音相同……總之，帛書甲、乙本此句經文和今本是一致的，皆作『揣而銳之』，『兌』字乃『銳』之假字。」〔註 4〕

道藏本抄寫中，「銳」字之「兄」常寫作「允」，故「允」字或與「兌」形近而別構，兌爲定母月部，允爲餘母文部，喻四歸定，聲母皆爲舌頭音，文、月旁對轉，故兌、允古音義通可互用。（另詳見下廖名春說。）

《郭店楚墓竹簡》註釋：「羣」，簡文從「羊」「君」省。《古文四聲韻》引王存乂《切韻》「羣」也省去「君」所從之「口」，與簡文形同。〔註 5〕（按：亦見李零劉新光整理的《漢簡 古文四聲韻》第 77 頁下，但「羣」字皆從雙手，或與楚簡本不同。）

廖名春：「『尹』古音與『允』同。而從『允』之字與從『兌』之字可通用。《書‧顧命》：『一人冕執銳。』《說文‧金部》引『銳』作『銲』。《書‧禹貢》：『濟河惟兗州。』《史記‧夏本紀》作『濟河維沇州。』《周禮‧夏官‧職方氏》：『河東曰兗州。』《說文‧艸部》：引『兗州』作『沇州』。《史記‧天官書》：『角、亢、氐、兗州。』《漢書‧天文志》『兗』作『沇』。《集韻‧獮韻》：『捖，動也，揣也。或從捝。』王弼《老子》第 56 章：『挫其銳。』楚簡『銳』作『𨮵』，上部爲『金』之省文，下從兩『尹』。下從兩『尹』與下從兩『允』同，而『允』、『兌』形近，從『兌』之形與從『允』常混，故下從兩『允』實即下從兩『兌』，其字當作『（上金下兩兌）』。是『尹』、『允』、

〔註 3〕 馬王堆漢墓帛書整理小組編：《馬王堆漢墓帛書〈老子〉》，北京：文物出版社，1976 年 3 月，第 62 頁。
〔註 4〕 高明：《帛書老子校注》，北京：中華書局，1996 年，第 259 頁。
〔註 5〕 荊門市博物館：《郭店楚墓竹簡》，北京：文物出版社，1998 年 5 月，第 117頁。

『兌』相通之證。由此可知,『羣』、『允』與『悅』、『挩』一樣,皆爲『銳』之借字,故書當作『銳』。」〔註6〕

兌爲定母月部字,銳爲餘母(喻四)月部字;羣從羊尹聲,尹、允皆爲餘母文部字,聲母皆爲舌頭音,文、月旁對轉,羣、允、兌、銳音通可借,故羣、兌、允爲「銳」之借。

葆(帛書甲乙、漢簡本)──保(楚簡本、王弼本)

楚簡本:不可長保也。(38)

帛書甲:〔不〕可長葆之。(107)

帛書乙:不可長葆也。(50 上)

漢簡本:不可長葆。(143)

王弼本:不可長保。(12-274)

朱駿聲《說文通訊定聲・孚部》:「葆,叚借爲保。」《墨子・明鬼》:「佳(唯)天下之合(和),下土之葆。」孫詒讓《閒詁》:「葆,保字通。」又《非攻》:「打敗齊人,而葆之大山。」文中「保」爲保持之義,《國語・周語下》:「膺保明德,以佐王室。」韋昭注:「保,持也。」葆、保皆爲幫母幽部字,「葆」乃「保」之借字。

浧(楚簡本)──盈(帛書甲、漢簡本)──滿(王弼本)

室(帛書甲乙、漢簡本)──堂(王弼本)

楚簡本:金玉浧室。(38)

帛書甲(107)、漢簡本(143):金玉盈室。

帛書乙:金玉盈室。(50 上-50 下)

王弼本:金玉滿堂。(12-274)

《字彙補・水部》:「浧,音盈。」《管子・宙合》:「聖人之動靜、開闔、詘信、浧濡、取與之必因于時也。」王念孫《讀書雜志》:「浧當爲逞,儒當爲偄,皆字之誤也。逞與盈同,偄與緛同。盈緛猶盈縮也……盈縮與詘伸(信)義相因也。」浧、盈皆爲餘母耕部,浧爲盈之借。

〔註6〕 廖名春:《郭店楚簡老子校釋》,北京:清華大學出版社,2003 年 6 月,第 364 頁。

「盈」字，因避漢惠帝諱而改作「滿」字。《說文‧皿部》：「盈，滿器也。從皿、夃。」段玉裁注：「滿器者，謂人滿寧（貯）之。」《廣雅‧釋詁四》：「盈，充也。」《易‧比》：「有孚盈缶。」《說文‧水部》：「滿，盈溢也。從水㒼聲。」《廣雅‧釋詁四》：「滿，充也。」《書‧大禹謨》：「不自滿假。」孔傳：「滿謂盈實。」孔穎達《尚書正義》：「滿以器喻，故爲盈實。」盈、滿義同可通用。

室爲書母耕部，堂爲定母陽部，聲母皆爲舌頭音，耕、陽旁轉，故室、堂音通可借。

《說文‧宀部》：「室，實也。從宀從至。至，所止也。」孔穎達曰：「宮室通名。因其四面穹隆曰宮，因其財物充實曰室。室之言實也。」徐鍇《說文繫傳‧宀部》：「堂之內，人所安止也。」《論語‧先進》：「由也升堂矣，未入於室也。」《禮記‧問喪》：「入門而弗見也，上堂又弗見也，入室又弗見也。」段玉裁《說文解字注‧宀部》：「室，引申之，則凡所居皆曰室。」《詩‧小雅‧斯干》：「築室百堵，西南其戶。」

《說文‧土部》：「堂，殿也。從土尙聲。坣，古文堂。臺，籀文堂從高省。」段玉裁注：「許以殿釋堂者，以今釋古也。古曰堂，漢以後曰殿。」《爾雅‧釋宮》：「古者有堂，自半已前虛之，謂之堂，半已後實之，謂之室。」《書‧顧命》：「一人冕執劉，立於東堂。」

室、堂音義通可互用。

獸（楚簡本）──守（帛書甲乙、漢簡本、王弼本）
楚簡本：莫能獸也。（甲38）
帛書甲：莫之守也。（107）
帛書乙：莫之能守也。（50下）
漢簡本：莫能守。（143）
王弼本：莫之能守。（12-274）
《說文‧嘼部》：「獸，守備者。從嘼從犬。」楊樹達《積微居小學述林‧釋獸》：「獸，蓋狩之初文也。」蓋狩獵之時，必先以犬守候之，故曰「守備者」。《說文‧宀部》：「守，守官也。從宀從寸。寺府之事者。從寸。寸，法度也。」《字彙‧宀部》：「守，執守。」《易‧繫辭下》：「何以守位？曰仁。」孔穎達疏：「言聖人何以保守其位，必信仁愛。」《詩‧大雅‧鳧鷖》序：「能持盈守成。」孔穎達疏：「持、守之義亦相通也。」

獸、守皆爲書母幽部字，古音同義近，故可通用，「獸」當爲「守」之借。

福（楚簡本）——富（帛書甲乙、漢簡本、王弼本）
喬（楚簡本）——驕（帛書甲）——驕（帛書乙、漢簡本、王弼本）
楚簡本：貴福喬。（甲 38）
帛書甲：貴富而驕。（107）
帛書乙：貴富而驕。（50 下）
漢簡本（143）、**王弼本**（12-274）：**富貴而驕。**

福、富皆爲幫母職部字，皆從「畐」得聲，故福、富音同可借。《說文·示部》：「福，祐也。从示畐聲。」《釋名·釋言語》：「福，富也，其中多品如富者也。」《書·洪範》：「五福：一曰壽，二曰富，三曰康寧，四曰攸好德，五曰考終命。」《韓非子·解老》：「全壽富貴之謂福。」

《說文·宀部》：「富，備也。一曰厚也。从宀畐聲。」朱駿聲《說文通訓定聲·頤部》：「富，叚借爲福。」《詩·大雅·瞻卬》：「何神不富？」毛傳：「富，福。」鄭玄箋：「神何以不富王而有災害也？」《墨子·尚賢》：「是故上者天鬼富之，外者諸侯與之，內者萬民親之，賢人歸之。」

故福爲富之借。

《說文·夭部》：「喬，高而曲也。从夭，从高省。《詩》曰：『南有喬木。』巨嬌切。」驕，從馬，高聲，《說文·馬部》：「驕，馬高六尺爲驕。从馬喬聲。《詩》曰：『我馬唯驕。』一曰野馬。」高、驕皆爲見母宵部字，喬爲群母宵部字，聲母皆爲舌面後音（即舌根音，古牙音）。「喬」、「驕」、「驕」音義皆同，驕、驕或爲異體字，驕非爲「驕」之訛。（廖名春：驕爲「驕」之訛字〔註7〕）

「驕」字，其它諸本也有作「憍」（jiao）（或憍），與驕一樣，義皆爲「驕」義同。

攻（楚簡本）——功（帛書甲乙、漢簡本、王弼本）
述（楚簡本、帛書甲）——遂（帛書乙、漢簡本、王弼本）
退（楚簡本、帛書乙、漢簡本、王弼本）——芮（帛書甲）

〔註7〕 廖名春：《郭店楚簡校釋》，北京：清華大學出版社，2003 年，第 367 頁。

楚簡本：攻述身退。（甲 39）

帛書甲：功述身芮。（107）

帛書乙（50 下）、漢簡本（144）、王弼本（12-274）：功遂身退。

攻、功爲見母東部字，音同可借。攻乃功之假借字。

《說文・力部》：「功，以勞定國也。从力从工，工亦聲。」《釋名・釋言語》：「功，攻也，攻治之乃成也。」《管子・乘馬數》：「此齊力而功地。」郭沫若等《集校》引李明哲云：「功，讀爲攻，治也。」又與攻打之「攻」通。李斯《嶧山石刻》：「功戰日作，流血于野。」《銀雀山漢墓竹簡・孫臏兵法・王兵》：「器戒備，功伐少費。」《馬王堆漢墓帛書・經法・君正》：「以不足功，反自伐也。」

述爲船母物部字，遂爲邪母物部字，「古無舌上音」（照三歸定），「邪紐古歸定紐」，聲母皆爲舌頭音，故「述」、「遂」音通可借。

《說文・辵部》：「述，循也。从辵术聲。遹，籀文从秫。」《書・五子之歌》：「述大禹之戒以作歌。」孔傳：「述，循也。」《論語・述而》：「述而不作。」《禮記・中庸》：「父作之，子述之。」

《古今韻會舉要・寘韻》：「遂，因循也。」《荀子・王制》：「大事殆乎馳，小事殆乎遂。」楊倞注：「遂，因循也。」故述、遂義又有所通。《說文・辵部》：「遂，亾也。从辵㒸聲。達，古文遂。」《廣韻・至韻》：「遂，成也。」《篇海類編・人事類・辵部》：「遂，就也。」《廣雅・釋詁三》：「遂，竟也。」王念孫《廣雅疏証》：「遂讀『遂事不諫』之遂。」《論語・八佾》：「成事不說，遂事不諫，既往不咎。」故述爲遂之借。

退爲透母物部字，芮爲日母月部字，聲母皆爲舌頭音，「物」、「月」旁轉，故音近可通。《說文・艸部》：「芮，芮芮，艸生皃。从艸內聲，讀若汭。」《玉篇・辵部》：「退，卻也。」漢賈誼《新書・道術》：「功遂自卻謂之退。」「芮」乃「退」之假借字。《老子》帛書甲本第 71 章：「吾不進寸而芮尺。」帛書乙本及通行本「芮」作「退」。

本章整理：持而盈之，不若其已；揣而銳之，不可長保也；金玉盈室，莫能守也；貴富而驕，自遺咎也；功遂身退，天之道也。

第十章　能　爲

戴（帛書乙）──載（漢簡本、王弼本）

營（帛書乙、王弼本）──熒（漢簡本）

袙（帛書乙）──魄（漢簡本、王弼本）

离（帛書乙）──離（漢簡本、王弼本）

帛書乙：戴營袙抱一，能毋离乎？（50 下）

漢簡本：載熒魄抱一，能毋離虖？（145）

王弼本：載營魄抱一，能無離乎？（12-274）

《說文・異部》：「戴，分物得增益曰戴。从異𢦏聲。𢨄，籀文戴。」林義光《文源》：「此義經傳無用者。戴相承訓爲頭載物，當即本義。」《釋名・釋姿容》：「戴，載也，載之於頭也。」《玉篇・異部》：「戴，在首也。」段玉裁《說文解字注・異部》：「戴，又與載通用。言其上曰戴，言其下曰載也。」《墨子・修身》：「君子以身戴行者也。」孫詒讓《墨子閒詁》：「戴、載古通。」

《說文・車部》：「載，乘也。从車𢦏聲。」《正字通・車部》：「載，承也。」《易・坤》：「君子以厚德載物。」孔穎達疏：「君子用此地之厚德容載萬物。」《釋名・釋姿容》：「載，戴也。在其上也。」《詩・周頌・絲衣》：「絲衣其紑，載弁俅俅。」鄭玄注：「載，戴也。」陸德明《經典釋文》：「載，又音戴。」孔穎達疏：「載者，在上之名，故經稱戴弁，若言以頭戴之，則於人易曉，故云載猶戴也。」載此義，音與戴皆爲端母之部。《集韻・代韻》：「戴，分物得增益曰戴，或作載。」《老子》此文字當作「載」，即我們這個身體承載著魂與魄，能讓它們抱在一起不分離嗎？

《說文・宮部》：「營，市居也。从宮，熒省聲。」營爲餘母耕部，熒爲匣母耕部，餘母每與舌、齒、喉牙音相諧，故營、熒音通可借。魂爲匣母文部，文、耕旁轉，故魂與營、熒音相通可借。

袙從白聲，白爲並母鐸部字，魄爲滂母鐸部字，聲母皆爲雙唇音；二字皆從「白」得聲，故音同可借，「袙」爲「魄」之假借字。

按道家醫學之說，人有三魂七魄，「營魄」即是指此，營即魂，屬陽，三魂居於肝上；魄屬陰，七魄居於肺中。河上公注曰：「營魄，魂魄也。」《說文・鬼部》：「魂，陽气也。从鬼云聲。」「魄，陰神也。从鬼白聲。」高誘《淮南子・說山》注曰：「魄，人陰神也；魂，人陽神也。」王逸《楚辭・大招》注曰：「魂者，陽之精也；魄者，陰之形也。」人之三魂七魄任何之一的缺失，都會導致人格精神上的不完整，所以才需要抱一而不離散。現代人以爲荒誕不經，棄之如糟糠而不知其所以，導致其在釋讀上自圓其說，牽強附會。

《說文・内部》：「离，山神，獸也。从禽頭，从厹从屮。歐陽喬說：『离，猛獸也。』」段玉裁注：「本是山神而形如獸，故其字從厹。」「山神之字本不從虫，從虫者乃許所謂龍而黃者也。今《左傳》作魑魅，乃俗寫之僞。《東京賦》作螭，亦是俗字。」《說文・隹部》：「離，離黃，倉庚也。鳴則蠶生。从隹离聲。」《廣雅・釋詁三》：「離，散也。」《廣韻・支韻》：「离，卦名。案：《易》本作離。」《篇海類編・鳥獸類・内部》：「离，亦作離。」「离」爲「離」之簡寫。

摶（摶）（帛書乙、漢簡本）──專（王弼本）
至（帛書乙）──致（漢簡本、王弼本）
帛書甲：〔摶氣至柔〕，能嬰兒乎？（108）
帛書乙：摶氣至柔，能嬰兒乎？（50下-51上）
漢簡本：摶氣致柔，能嬰兒㢧？（145）
王弼本：專氣致柔，能嬰兒乎？（12-274）

摶從「專」得聲，故「專」能借作「摶」。《字彙・木部》：「摶，楚人謂圓爲摶。」《楚辭・九章・橘頌》：「曾枝剡棘，圓果摶兮。」王逸注：「摶，圓也，楚人名圓爲摶。」舊注：「摶，一作摶。」引申之，則有聚集之義。《說文・手部》：「摶，圓也。从手，專聲。」摶、摶皆爲定母元部字，音義皆同。

又，「摶」與「專」通，《集韻》：「摶，擅也。通作專。」《管子·霸言》：「夫令不高不行，不摶不聽。」郭沫若等《集校》引劉績云：「摶，專。」此義之「摶」與「專」皆爲章母元部，讀作 zhuan。《廣韻》：「專，壹也，誠也。」《增韻》：「專，純篤也。」《易·繫辭上》：「夫乾，其靜也專，其動也直。」《孟子·告子上》：「不專心致志，則不得也。」可見，「專」與「槫」、「摶」音義一致。《老子》的「致虛極也，守靜篤也」說的也就是「摶氣致柔」，朱謙之《老子校釋》也認爲其「即《管子·內業》之『摶氣』，所謂『摶氣如神萬物備存。』（尹注：『摶，謂結聚也。』）又曰：『此氣也，不可止以力。』『心靜氣理，道乃可止。』皆與『摶氣致柔』說同。」〔註1〕「槫」乃「專」之假借字。

《說文·夊部》：「致，送詣也。从夊从至。」王筠《句讀》：「至亦聲。」「致」有招致、導致、致使之義，《易·需》：「需于泥，致寇至。」王弼注：「招寇而致敵也。」《說文·至部》：「至，鳥飛從高下至地也。從一，一猶地也。象形。不，上去；而至，下來也。」「至」同「致」，《墨子·非儒下》：「孔丘行，心術所至也。」又《明鬼下》：「故於此乎，天乃使湯至明罰焉。」畢沅《校注》：「至，同致。」《韓非子·說疑》：「諂諛之臣，唯聖主知之，而亂主近之，故至身死國亡。」

致爲端母質部字，至爲章母質部，聲母皆爲舌音。「至」乃「致」之假借字。

14章帛書甲乙：三者不可至計。王弼本：三者不可致詰。39章，帛書甲：其致之也。帛書乙：其至也。王弼本：其致之。

脩（帛書甲乙、漢簡本）——滌（王弼本）
藍（帛書甲）——監（帛書乙）——鑒（漢簡本）——覽（王弼本）
毋（帛書甲乙、漢簡本）——無（王弼本）
帛書甲：脩除玄藍，能毋疵乎？（108）
帛書乙：脩除玄監，能毋有疵乎？（51上）
漢簡本：脩除玄鑒，能毋有疵虖？（145）
王弼本：滌除玄覽，能無疵乎？（12-274）

〔註1〕 朱謙之：《老子校釋》，北京：中華書局，1984年，第39頁。

朱駿聲《說文通訓定聲・孚部》：「脩，叚借爲滌。」《周禮・春官・司尊彝》：「凡酒脩酌。」鄭玄注：「鄭司農云：『脩酌者，以水洗勺而酌也。』……脩讀如滌濯之滌。」

《廣韻・錫韻》：「滌，除也，淨也。」段玉裁《說文解字注・水部》：「滌，引伸爲凡清瀚之詞。」《詩・豳風・七月》：「九月肅霜，十月滌場。」毛傳：「滌，埽也。」故字當從滌。脩爲心母幽部，滌爲定母覺部，心母和定母在諧聲字和文獻中也有互諧的情況，或可組成複輔音〔st〕，幽、覺對轉，故音通可借。

高明：「監」即古「鑒」字，商代甲骨文「監」字的字形爲一人向皿中之水照面，實即「鑒」之本字。後因字義引申，「監」字別有它用，又在其中曾一「金」符，而寫作「鑒」或「鑑」，從此分道揚鑣，別爲二字。甲本「藍」字在此亦讀爲「鑑」，借字耳。「脩」字與今本「滌」字，古音相同，乃聲之轉也。「滌」字從「條」得音，「條」字與「脩」字之聲符皆爲「攸」。「脩」、「滌」義亦相通，《禮記・中庸》「脩其祖廟」，鄭注「脩，掃糞也。」「脩除」與「滌除」同義。〔註2〕

《廣韻・鑑韻》：「鑒，同鑑。」《詩・邶風・柏舟》：「我心匪鑒，不可以茹。」《說文・金部》：「鑑，大盆也。一曰監諸，可以取明水於月。从金，監聲。」典籍中，「監」與「鑑」通用。《廣韻・鑑韻》：「鑑，鏡也。亦作監。」《管子・輕重》：「擂玉總，帶金監。」《爾雅・釋詁下》：「監，視也。」《廣雅・鑑韻》：「鑑，照也。亦作監。」《書・酒誥》：「古人有言曰：『人無於水監，當於民監。』」孔傳：「視水見己形，視民行事見吉凶。」

覽爲來母侵部，藍爲來母談部，監、鑒爲見母談部。來母和見母組成複輔音〔kl〕。林濤、耿振生云：「上古存在複輔音的證據是比較充足的，在這方面，諧聲字提供了最重要的資料，古籍裏的異文假借也有不少資料可作證明。」（《音韻學概要》）來、見互諧在簡帛中例多有，是舌、喉音相諧。「侵」、「談」旁轉，聲韻皆通；《說文》：「覽，觀也。从見、監，監亦聲。」「藍」亦從「監」得聲。故藍、監、鑒（鑑）、覽音通可借。「藍」爲「監」、「鑒（鑑）」、「覽」之假借字。玄鑒乃心之鑒：保持心靈的潔淨，而沒有污染疵垢嗎？要「時時勤拂拭，莫使惹塵埃。」

〔註2〕 高明：《帛書老子校注》，北京：中華書局，1996年，第265頁。

《說文・毋部》：「毋，止之也。从女，有奸之者。」段玉裁《說文解字注・毋部》：「毋，止之詞也。从女、一。女有奸之者，一禁止之，令勿姦也。」《玉篇・毋部》：「毋，莫也。今作無。」《儀禮・士相見禮》：「毋上于面，毋下于帶。」鄭玄註：「古文毋爲無。」《墨子・非命上》：「言而毋儀，譬如運鈞之上而立朝夕者也。」

「無」與「毋」通，「不要」的意思。朱駿聲《說文通訓定聲・豫部》：「無，叚借爲毋。」《書・益稷》：「無若丹朱傲，惟慢遊是好。」《孟子・梁惠王上》：「王無罪歲，斯天下之民至焉。」楊伯峻注：「無，同毋，表示禁止的副詞。」毋、無皆爲明母魚部。無、毋音義同可通用。毋有禁止之義，無爲空無之義，按本章文義，當從「毋」。

栝（帛書乙）——沽（漢簡本）——治（王弼本）

帛書甲：愛〔民栝邦，能毋以知乎〕？（108-109）

帛書乙：愛民栝國，能毋以知乎？（51 上）

漢簡本：愛民沽國，能毋以智㝅？（145-146）

王弼本：愛民治國，能無知乎？（12-274）

栝爲見母月部，活爲匣母月部，沽爲見母魚部，聲母皆爲舌根音，魚、月通轉，三字音同可借。《馬王堆漢墓帛書・經法・明理》：「以剛爲柔者栝，以柔爲剛者伐。」帛書研究組釋「栝」爲「活」，并注曰：「通行本作『治國』，《經典釋文》出『民治』，云：『河上本又作『活』。』帛書中『活』寫作『栝』，此『栝國』即『活國』，河上公舊本蓋與此同。」第 75 章「栝」借爲「活」。

高明：「『栝』字古音屬透紐談部，『治』字屬定紐之部，『透』、『定』古同爲舌頭，『之』、『談』旁對轉也，音同通假。如王本第四十一章『善貸且成』，敦煌戊本作『善始且成』；范應元本作『善貸且善成』，帛書乙本作『善始且善成』。于省吾云：『敦煌『貸』作『始』，乃聲之轉。』『貸』字假爲『始』，與此『栝』字假爲『活』同例。」〔註3〕

貸爲透母之字，始爲書母之部字，聲母皆爲舌頭音，音通可借；

《說文・木部》：「栝，炊竈木。从木舌聲。」段玉裁注：「炊竈木，今俗語云竈橰是也。《廣韻云：『橰，火杖。』栖（栝）、橰古今字也。」栝有兩讀，此爲透母談部；又爲見母月部。

〔註3〕 高明：《帛書老子校注》，北京：中華書局，1996 年，第 266 頁。

栝、治聲母雖可相通，但韻母相去甚遠。然古書用借字從寬，故亦有假借的可能。

章組讀爲見組，舌音與牙喉音多相通，現代方言中仍見，出土文獻和諧聲中也多見。沽爲見母魚部字，之、魚旁轉，魚、談通轉，聲母與栝、治亦能相通（舌、喉音相諧），故沽與括、治音通可借。

還有另外一個極爲可能的情況是括、沽、治三字的古文形近。在篆書向隸書的過渡轉折階段，極易混寫、誤寫。如括、活小篆的偏旁本爲「昏」，隸書則改爲「舌」，舌、古、台形近，篆書的手旁和水旁形也相近。故括、沽或爲誤字。

《廣韻·末韻》：「活，不死也。」《詩·周頌·載芟》：「播厥百穀，實函斯活。」鄭玄箋：「活，生也。」《詩·邶風·擊鼓》：「于嗟闊兮，不我活兮。」鄭玄箋：「女不與我相救活。」「栝」乃「活」之借。活國，使國生存，使國充滿生機。在本文句中，「活」與「治」義不相悖，但在語言的歷史運用中，多作「治」，這是必須注意的。所以，無論是聲近，義通，還是誤寫，皆當作「治」。

徐灝《說文解字注箋·矢部》：「知，智慧即知識之引申，故古祇作知。」「知」，《經典釋文》釋爲「音『智』」，漢簡本、河上公本寫作「智」。王弼注曰：「治國無以智，猶棄智也。能無以智乎？則民不辟而國治之也。」又王本第六十五章：「故以智治國，國之賊；不以智治國，國之福。」無論是治國還是治身，都不應以機巧、機智之心來應對，否則，只能弄得身心、身國疲憊而大亂，此即違背了道法自然之理。故「知」爲「智」之借。

啓（帛書乙、漢簡本）──開（王弼本）
闔（帛書乙、王弼本）──閉（漢簡本）
爲（帛書乙、漢簡本）──無（王弼本）
帛書乙：天門啓闔，能爲雌乎？（51 上）
漢簡本：天門啓閉，能爲雌虖？（146）
王弼本：天門開闔，能無雌乎？（12-274）

「啓」，因避漢景帝劉啓諱而改爲「開」。《說文·口部》：「启，開也。从戶从口。」段玉裁注：「後人用啓字，訓開，乃廢启不行矣。」《左傳·宣公

十二年》：「篳路襤褸，以啓山林。」《方言》卷三引作「启」。《說文‧口部》「啓，教也。从攴启聲。《論語》曰：『不憤不啓。』」甲骨文「改」象以手開戶之形。《六書故‧人部》：「改，開戶也。」「啓」從口者，謂以言教也，爲會意字。楊樹達《積微居小學述林》：「（啓）愚謂當解爲從口，改聲。蓋教者必以言，故字從口。教者發人之蒙，開人之智，與啓戶事相類，故字從改聲，兼受改字義也。」〔註4〕《廣雅‧釋詁三》：「啓，開也。」《書‧金縢》：「啓籥見書，乃並是吉。」《楚辭‧天問》：「西北辟啓，何氣通焉？」王逸注：「言天西北之門，每常開啓，豈元氣之所通？」

《說文‧門部》：「開，張也。从門从开。闁，古文。」《韻會》：「開，啓也。」《內經‧素問‧生氣通天論》：「開闔不得。」王冰注：「開謂皮腠發泄。」
啓爲溪母脂部，開爲溪母微部，脂、微旁轉，故啓、開音義通可互用。

《說文‧門部》：「闔，門扇也。一曰閉也。从門盍聲。」《易‧繫辭上》：「一闔一闢謂之變。」又《繫辭上》：「闔戶謂之坤。」孔穎達疏：「謂閉藏萬物，若室之閉闔其戶。」《左傳‧襄公十七年》：「吾儕小人，皆有闔廬，以辟燥濕寒暑。」杜預註：「闔，謂門戶閉塞。」

《說文‧門部》：「閉，闔門也。从門；才，所以歫門也。」《易‧復》：「先王以至日閉關，商旅不行。」孔穎達疏：「關門掩閉，商旅不行。」《禮記‧月令》：「修鍵閉。」鄭玄註：「鍵，牡。閉，牝也。」孔穎達疏：「何氏曰：鍵是門扇，後樹兩木，穿上端爲孔，閉者將局關門，以內孔中。」《左傳‧桓公五年》：「閉蟄而烝。」杜預註：「建亥之月，昆蟲閉戶。」
闔、閉義同可互用。

俞樾：「『天門開闔能無雌』，義不可通，蓋涉上下文諸句而誤。王弼注云：『言天門開闔，能爲雌乎？則物自賓而處自安矣。』是王弼本正作『能爲雌』也。河上公云：『治身當如雌牝，安靜柔弱。』是亦不作『無雌』，故知『無』字乃傳寫之誤。」河上公注云：「治身，『天門』謂鼻孔，『開』謂喘息，『闔』謂呼吸也。」高亨：「《莊子‧天運》篇『其心以爲不然者，天門弗開矣』，『天門』亦同此義。言心以爲不然，則耳目口鼻不爲用。《禮記‧大學》『心不在焉，視而不見，聽而不聞，食而不知其味』，即此意也。耳目口鼻之開闔，常

〔註4〕　楊樹達：《積微居小學述林》，上海：上海古籍出版社，2007年，第321頁。

人競於聰明敏達，道家所忌，故欲爲雌，不欲爲雄也。」〔註5〕《老子》的文義玄妙高深，後人因對文義的理解不同而難以適從，又因傳寫之誤，或以己之篡意改之，故誤而不識。按河上公的解釋，應爲：呼吸的進出開闔，能保持柔弱安靜，縣縣若存嗎？其實，本章整篇都在講治身，修治身心達到一種柔和的狀態，如此，能量、氣機才能在身體內部升起，此即「生之畜之」之義，但又要生、長而不以爲有，不有意的主導之，順其自然而已，此之謂「玄德」。

　　毋以知（帛書乙）──毋以智（漢簡本）──無爲（王弼本）
帛書乙：明白四達，能毋以知乎？（52 上-51 下）
漢簡本：明白四達，能毋以智虖？（146）
王弼本：明白四達，能無爲乎？（12-274）
　　此處的「知」，當以是指眼耳鼻舌身等感官觸覺而獲得的知識，只有這類覺知才能產生「明白四達」之結果，而「無爲」與事物的進程相依屬，如治國無爲，而感官上的無爲，只有死人才能做得到。俞樾認爲：「『愛民治國，能無爲』即老子『無爲而治』之旨；『明白四達，能無知』，即『知白守黑』之義也。王弼本誤倒之。」其說也可從，無爲治國，與不以智治國義一致。帛書本皆寫作「知」，漢簡本皆爲「智」，乃「知」之假借字。不以感官觸覺而知，即老子所說的塞其兌、閉其門，達到「不出於戶，以知天下；不窺於牖，以知天道。」以致「不行而知，不見而明，弗爲而成。」

　　王弼本和世傳本在「生而不有」之後有「爲而不恃」一句，這是王弼本等本爲了保持全書的一致而人爲的添加和篡改，亦見第二章的說明，相同句式有第 2、10、51、77（帛書 79）章。帛書本和漢簡本無，當從古本。

　　本章整理：載營魄抱一，能毋離乎？專氣致柔，能嬰兒乎？滌除玄鑒，能毋有疵乎？愛民治國，能毋以知乎？天門啓闔，能爲雌乎？明白四達，能毋以知乎？生之畜之，生而弗有，長而弗宰也，是謂玄德。

〔註 5〕 高亨：《老子正詁》，北京：清華大學出版社，2011 年，第 19 頁。

第十一章　無　用

卅（帛書甲乙、漢簡本）──三十（王弼本）

楅（帛書乙）──輻（王弼本、漢簡本）

同（帛書乙、漢簡本）──共（王弼本）

帛書甲：卅〔楅同一轂，當〕其无，〔有車〕之用〔也〕。（110）

帛書乙：卅楅同一轂，當亓无，有車之用也。（51下-52上）

漢簡本：卅輻同一轂，當其無，有車之用也。（148）

王弼本：三十輻共一轂，當其無，有車之用。（12-274）

《說文》：「卅，三十并也。古文省。」《廣韻》：「卋，今作卅，直爲三十字。」《字彙補・十部》：「以卅爲三十，本非俗用。《論語》『三十而立』，《石經》作卅。」《睡虎地秦墓竹簡・法律問答》：「甲告乙盜直……其卅不審，問甲當論不當？」

《說文・木部》：「楅，以木有所逼束也。从木畐聲。《詩》曰：『夏而楅衡。』」又《車部》：「輻，輪轑也。从車畐聲。」《正字通・車部》：「輻，謂輪中木之直指者，下有菑以指輞，上有爪以湊轂。」《周禮・多官考工記・輪人》：「輻也者，以爲直指也。」《詩・魏風・伐檀》：「坎坎伐輻兮，置之河之側兮。」楅、輻皆爲幫母職部字，且都是畐聲，故音同可借。「楅」乃「輻」之假借字。

《說文・冂部》：「同，合會也。从冂从口。」《玉篇》：「同，共也。」《詩・鄭風・有女同車》：「有女同車，顏如舜華。」《說文・共部》：「共，同也。从

廿廾。龏，古文共」《禮記・王制》：「爵人于朝，與士共之。」同、共義同可互用。

然（帛書甲）──埏（帛書乙）──挻（漢簡本）──埏（王弼本）

埴（帛書甲乙、王弼本）──殖（漢簡本）

帛書甲：然埴爲器，當亓无，有埴器〔之用也〕。（110）

帛書乙：埏埴而爲器，當亓无，有埴器之用也。（52上）

漢簡本：挻殖器，當其無，有殖器之用也。（148）

王弼本：埏埴以爲器，當其無，有器之用。（12-274）

《說文・土部》：「埏，八方之地也。从土延聲。」引申爲動詞，《集韻》：「埏，和也。」玄應《一切經音義》卷十三：「埏，揉也。」河上公注曰：「埏，和也；埴，土也。和土以爲飲食之器。」《荀子・性惡》：「故陶人埏埴而爲器。」楊倞注：「埏，擊也；埴，黏土也。擊黏土而成器。」

《說文・手部》：「挻，長也。从手从延，延亦聲。」《廣韻・仙韻》：「挻，柔也，和也。」朱駿聲《說文通訓定聲・乾部》：「《字林》：挻，柔也。按：今字作揉，猶煣也。凡柔和之物，引之使長，摶之使短，可折可合，可方可圓，謂之挻。陶人爲坯，其一端也。」《淮南子・說山》：「譬猶陶人爲器也，揲挻其土而不益厚，破乃愈疾。」可見，挻與埏義同可互用。

從埏的構字上看，從土然聲。埏、挻爲書母元部字，然爲日母元部字，聲母皆爲舌面前音（上古爲舌頭音），故音通可借。《說文・火部》：「然，燒也。从火肰聲。」然、埏爲埏之借。

《說文・土部》：「埴，黏土也。从土，直聲。」《書・禹貢》：「厥土赤埴墳。」孔安國傳：「土黏曰埴。」《釋名・釋地》：「土黃而細密曰埴。埴，膩也，黏胒如脂之膩也。」《周禮・冬官・考工記》：「摶埴之工。」《莊子・馬蹄》：「陶者曰：我善爲埴。」埴、殖皆爲襌母職部，音同可借。《管子・地員》：「弘土之次曰五殖。」郭沫若等《集校》引汪繼培曰：「殖，即埴之假借。」《新語・道基》：「鑠金鏤木，分苞燒殖。」孫詒讓《札迻》卷七：「殖，當讀爲《考工記》『摶埴』之『埴』。燒殖，謂陶旅之事也。」故殖乃埴之借。

帛書甲：〔鑿戶牖，〕當其无，有〔室〕之用也。（111）

帛書乙：鑿戶牖，當亓无，有室之用也。（52 上）

漢簡本：鑿戶牖，當其無，有室之用也。（148-149）

王弼本：鑿戶牖以爲室，當其無，有室之用也。（12-274）

王弼本和世傳本於「鑿戶牖」之後皆有「以爲室」，帛書本和漢簡本無此三字，蓋因「窒」之必有「戶牖」，「戶牖」必因「室」來，互文見義而省。

本章整理：卅輻同一轂，當其无，有車之用也；埏埴而爲器，當其无，有埴器之用也；鑿戶牖，當其无，有室之用也。故有之以爲利，无之以爲用。

第十二章　檢　欲

使（帛書甲乙）──令（漢簡本、王弼本）

明（帛書甲）──盲（帛書乙、王弼本）──眐（漢簡本）

帛書甲：五色使人目明。（111）

帛書乙：五色使人目盲。（52下）

漢簡本：五色令人目眐。（150）

王弼本：五色令人目盲。（12-274）

《說文・人部》：「使，伶也。从人，吏聲。」桂馥《義證》：「伶也者，通作令。」《六書統》：「从人从事，令人治事也。」《管子・樞言》：「天以時使，地以材使，人以德使，鬼神以祥使，禽獸以力使。」《左傳・桓公五年》：「鄭伯使祭足勞王，且問左右。」《廣雅・釋詁一》：「令，使也。」《戰國策・趙策一》：「故貴爲諸侯者，不令在相位。」

使、令義同可通用。

明、盲皆爲明母陽部字，故音同可借。因五色之義的暗示，又音與「盲」同，故誤「盲」爲「明」字。帛書乙本爲「盲」不誤，《莊子・天運》亦爲「五色亂目，使目不明。」故帛書甲本此處「明」字當爲誤寫。又漢簡本作「眐」，當爲「盲」之異體，《正字通・目部》：「眐，俗盲字。」

咠（帛書甲）──爽（帛書乙、漢簡本、王弼本）

帛書甲：五味使人口咠。（112）

帛書乙：五味使人之口爽。（52下）

漢簡本：五味令人之口爽。（150-151）

王弼本：五味令人口爽。（12-274）

《廣雅‧釋詁四》：「爽，傷也。」又《釋詁三》：「爽，敗也。」《楚辭‧招魂》：「露雞臛蠵，厲而不爽些。」王逸註：「爽，敗也。楚人名羹敗曰爽。」啩，從口，相聲。相為心母陽部，爽為山母陽部，照二歸精，聲母皆為齒頭音，故音通可借。

帛書本和漢簡本多一「之」字，文義無別。

馳（帛書甲乙、王弼本）──敺（漢簡本）

田（帛書甲乙）──畋（王弼本）

臘（帛書甲乙）──獵（漢簡本、王弼本）

帛書甲：馳騁田臘使人〔心發狂〕。（111）

帛書乙：馳騁田臘使人心發狂。（52 下）

漢簡本：敺騁田獵令人心發狂。（150）

王弼本：馳騁畋獵令人心發狂。（12-274）

《說文‧馬部》：「驅，馬馳也。從馬區聲。敺，古文驅，從攴。」《周禮‧夏官‧方相氏》：「以索室敺疫。」《漢書‧賈山傳》：「與之敺馳射獵。」顏師古注：「敺，與驅同。」《詩‧唐風‧山有樞》：「子有車馬，弗馳弗驅。」孔穎達疏：「走馬謂之馳，策馬謂之驅。」《說文‧馬部》：「馳，大驅也。從馬，也聲。」《廣雅‧釋宮》：「馳，犇也。」《書‧胤征》：「嗇夫馳。」陸德明《釋文》：「馳，車馬曰馳，走步曰走。」敺、馳義同可互用。

「田」與「畋」通，狩獵之義。《字彙‧田部》：「田，獵也。」《易‧恆》：「田无禽。」孔穎達疏：「田者，田獵也。」《詩‧鄭風‧叔于田》：「叔于田，巷無人居。」毛傳：「田，取禽也。」《淮南子‧本經》：「焚林而田，竭澤而漁。」《廣韻‧先韻》：「畋，取禽獸也。」《書‧五子之歌》：「畋于有洛之表。」田、畋皆為定母真部，音義皆同，故可通用。

臘、獵皆為來母葉部字，音同可借。「臘」為「獵」之假借字。

《說文‧犬部》：「獵，放獵逐禽也。從犬巤聲。」《廣韻‧葉韻》：「獵，取獸。《白虎通》曰：『四時之田，總名為獵，為田除害也。』《尸子》曰：『宓

羲氏之世，天下多獸，故教人以獵也。』」《玉篇‧犬部》：「獵，犬取獸也。」
《爾雅‧釋天》：「春獵爲蒐，夏獵爲苗，秋獵爲獮，冬獵爲狩。」《詩‧魏風‧
伐檀》：「不狩不獵。」《禮記‧王制》：「豺祭獸，然後田獵。」

　　貫（帛書甲）——貨（帛書乙、漢簡本、王弼本）
　　方（帛書甲、漢簡本）——仿（帛書乙）——妨（王弼本）
　　帛書甲：難得之貫使人之行方。（112）
　　帛書乙：難得之貨使人之行仿。（52下）
　　漢簡本：難得之貨令人行方。（150）
　　王弼本：難得之貨令人行妨。（12-274）

貫，從貝，咼聲。《說文》：「貨，財也。从貝，化聲。」化、貨爲曉母歌
部，咼爲溪母歌部，聲母皆爲舌面後音，故音通可借。貫與貨，皆從貝，義通。
音義皆同，可通用。

　　方爲幫母陽部，仿、妨滂母陽部，聲母皆爲唇音，音通可借。《說文‧女
部》：「妨，害也。从女方聲。」「方」、「仿」爲「妨」之假借。嚴遵《指歸》
云：「淫於五色之變，視不見禍福之形色者，陷目之錐也；佚於五音之變者，
聽不聞吉凶之聲者，塞耳目之椎也；美於五味之變者，口不中是非之情味者，
斬舌之器也。樂於畋獵之變者，思不免於狂惑。畋獵者，狂惑之帥也。貪於
貨財之變，慮不免於邪傾。財貨者，害本之物矣。」

　　出土本與世傳本此段順序有不同。從句式來看，傅奕本、王弼本等世傳
本要郎朗上口，優於出土本，另外，王弼本等順序：五色與目爲眼；五音爲
耳；無味之氣入鼻，口爽爲舌，馳騁田獵用身，心發狂爲意。眼、耳、鼻、
舌、身、意，佛家謂之六根，所以聖人修身、治心，爲內（腹）不爲外（目），
此與佛家一致，只是老子說得太過簡單罷了。

　　盲、爽、狂、妨爲陽部，聾爲東部，東、陽旁轉，故能諧韻。

　　帛書作「是以聖人之治也，爲腹不爲目。」漢簡本和世傳本作「是以聖
人爲腹不爲目。」第三章有相同的句式：「是以聖人之治也，虛其心，實其腹，
弱其志，強其骨。」強調的是治內不治外，當從帛書本。第五十二章：「塞其
兌，閉起門，終身不勤；啓其兌，濟其事，終身不救。」第五十六章：「塞其
兌，閉其門。」都是如此，強調的是修心，不要向外攀援。

罷（帛書甲）──彼（帛書乙、王弼本）──被（漢簡本）

帛書甲：故去罷取此。（113）

帛書乙：故去彼而取此。（53 上）

漢簡本：故去被取此。（151）

王弼本：故去彼取此。（12-274）

《老子》第 38 章，甲本作「皮」：「故去皮取此。」乙本作「罷」：「故去罷而取此。」漢簡本作「被」：「故去被取此。」王弼本作「彼」：「故去彼取此。」

《說文·彳部》：「彼，往，有所加也。从彳皮聲。」徐鍇《繫傳》：「彼者，據此而言，故曰有所加。」罷、皮、被為並母歌部，彼為幫母歌部，聲母皆為雙唇音，故音同可借。「罷」、「皮」、「被」乃「彼」之假借字。《墨子·非攻》：「及若此，則吳有離罷之心。」《石鼓文·汧沔》：「汧殹沔沔，烝皮淖淵。」《馬王堆漢墓帛書·經法·論約》：「皮且自氏其刑。」朱駿聲《說文通訓定聲·隨部》：「被，叚借為彼，實助語之辭。」《荀子·宥坐》：「還復瞻被九蓋皆繼，被有說邪？匠過絕邪？」楊倞注：「被皆當為彼。」

本章整理：五色令人目盲，五音令人耳聾，五味令人口爽，馳騁畋獵令人心發狂，難得之貨令人行妨。是以聖人之治也，為腹而不為目，故去彼而取此。

第十三章　厭　恥

懚（楚簡本）──龍（帛書甲）──弄（帛書乙）──寵（漢簡本、王弼本）

罺（楚簡本）──驚（帛書甲乙、漢簡本、王弼本）

可（楚簡本）──苛（帛書甲）──何（帛書乙、漢簡本、王弼本）

旻（楚簡本）──得（帛書甲乙、漢簡本、王弼本）

遊（楚簡本）──失（帛書甲乙、漢簡本、王弼本）

楚簡本：懚辱若罺……可胃懚辱？懚爲下也，旻之若罺，遊之若罺，是胃懚辱辱罺。（乙 5-6）

帛書甲：龍辱若驚……苛胃龍辱若驚？龍之爲下，得之若驚，失〔之〕若驚，是胃龍辱若驚。（113-114）

帛書乙：弄辱若驚……何胃弄辱若驚？弄之爲下也，得之若驚，失之若驚，是胃弄辱若驚。（53 上-53 下）

漢簡本：寵辱若〔驚〕……何謂寵辱，寵爲下，是謂寵辱。得之若驚，失之若驚，是謂寵辱若驚。（152-153）

王弼本：寵辱若驚……何謂寵辱若驚，寵爲下，得之若驚，失之若驚，是謂寵辱若驚。（12-275）

弄、龍皆爲來母東部字，寵爲透母東部字，聲母皆爲舌尖前音（舌頭音），且寵、懚皆從「龍」得聲。故弄、龍、寵、懚音通可借。《說文·宀部》：「寵，尊榮也。从宀龍聲。」「弄」、「龍」、爲「寵」之假借。「懚」從心，心之寵也，懚或與「寵」音義皆同。

　　《廣雅·釋言》:「龍,寵也。」王念孫《疏證》:「龍、寵聲相近,故古人以二字通用。」《詩·商頌·何天之龍》:「何天之龍,我龍受之。」朱熹《詩集傳》:「龍,寵也。」陸德明《經典釋文》:「鄭讀作『寵』,榮名之謂也。」《詩·小雅·蓼蕭》:「既見君子,爲龍爲光。」毛傳:「龍,寵也。」《馬王堆漢墓帛書·繆和》引佚《詩》「寵」作「弄」。

　　驚,《郭店楚墓竹簡》釋文隸作「纓」,讀作「驚」。註釋:纓,簡文從「糸」從「賏」。《汗簡》引《古老子》「嬰」字……即「賏」。與「嬰」同音。「纓」讀作「驚」。裘按:簡文此字似從「賏」從「縈」,「賏」、「縈」皆影母耕部字。如「縈」的「糸」旁兼充全字形旁,此字仍可釋爲「纓」。〔註1〕《詩·伐木》:「鳥鳴嚶嚶」。毛傳:「嚶嚶,驚懼也。」驚爲見母耕部字,纓爲影母耕部字,聲母上古皆爲牙喉音,故音通可借,驚爲借字。漢簡本「驚」爲左右結構(左馬右敬),乃「驚」之異體。

　　可爲溪母歌部字,苛、何皆爲匣母歌部字,聲母皆爲舌面後音,「苛」與「何」皆爲可聲,故音同可借。「可」也讀作「何」。《石鼓文》:「其魚佳可。」《風雅廣逸註》:「『佳可』讀作『惟何』,古省文也。」「苛」也讀爲 hē,通「訶」。揚雄《方言》卷二:「苛,怒也。」朱駿聲《說文通訓定聲·隨部》:「苛,叚借爲訶。」《周禮·夏宮·射人》:「不敬者,苛罰之。」鄭玄注:「苛謂詰問也。」且本章帛書甲本下文中:「何胃貴大梡若身?……有何梡?」用的正是「何」,而不是「苛」。可見「苛」與「何」音通可假。《玉篇·人部》:「何,辭也。」《字彙·人部》:「何,曷也,奚也,胡也,惡也,烏也,焉也,安也,那也,孰也,誰也。」《論語·顏淵》:「內省不疚,夫何憂何懼?」可、苛乃「何」之假借字。

　　旻,從「貝」從」又,手持貝之形。爲「得」之右形,《說文·彳部》:「得,行有所得也。从彳㝵聲。㝵,古文省彳。」羅振玉《增定殷虛書契考釋》:「(甲骨文)從又持貝,得之意也。或增彳。許書古文從見,殆從貝之僞。」《玉篇·彳部》:「得,獲也。」

〔註1〕 荊門市博物館:《郭店楚墓竹簡》,北京:文物出版社,1998 年 5 月,第 118～119 頁。

甲骨文、金文「得」多從貝從手〔註2〕；楚系文字皆爲此形〔註3〕。旻、「得」
爲古今字。

遊，從放從羊從辵。

《說文》：「放，旌旗之游，放䰎之兒。从屮，曲而下，垂放相出入也。
讀若偃。古人名放，字子游。凡放人之屬皆从放。𣃚，古文放字。象形。及
象旌旗之游。」「辵，乍行乍止也。」

遊，其義爲「象羊在旌旗的布條遊動之下，偃䰎曲行走失之貌」，有「亡
羊」之意。其構字與「逸」同，《說文・兔部》：「逸，失也。从辵兔。兔謾訑
善逃也。」

（第64章有此字，亦讀爲「失」）

遊字，在簡文中當從从辵從止從羊（或從羍）（楚系文字此字皆讀爲「失」，
見滕壬生《楚系簡帛文字編》第1004頁）。「達」上之「土」在其古文形中爲
「止」，故此字（从辵從止從羊）或爲「達」之另體。《說文・辵部》：「達，
行不相遇也。从辵羍聲。《詩》曰：『挑兮達兮。』达，達或从大。或曰迭。」
「行不相遇」本有錯過、錯失之義；又「或曰迭」，「迭」從「失」得聲，迭
爲定母質部，失爲書母質部，達爲定母月部，聲母皆爲舌頭音質、月旁轉，
故「迭」、「失」音通可借。从辵從止，皆爲「走」義，加「羊」符，則爲羊
行不相遇而走失之義。遊、迭皆當作會意字解。「迭」會意爲「走失」，又與「失」
音通，故「迭」、「遊（或爲『從从辵從止從羊（或從羍）』字）」音義通，可
讀爲「失」音。《郭店楚墓竹簡》註釋云：「遊，……此字楚文字中屢見，皆讀
爲『失』。」

「違」有違背之義，《方言》卷六：「伆、邈，離也。楚謂之越，或謂之
遠，吳越曰伆。」郭璞注：「爲乖離也。」《漢書・公孫弘傳》：「故法不違義，
則民服而不離；和不違禮，則民親而不暴。」顏師古注：「違，違也。」「違」
亦可訓爲「失」，「違義」爲「失義」；「違禮」即「失禮」。故違、失義通可互用。

但此處「違」之古文形，亦有可能隸作「達（或从辵從土從羊）」，爲「達」
字之異體。

〔註2〕高明、涂白奎：《古文字類編》，上海：上海古籍出版社，2008年8月，第263
頁。

〔註3〕滕壬生：《楚系簡帛文字編》，武漢：湖北教育出版社，2008年10月，第181
～184頁。

梡（帛書甲）──患（楚簡本、帛書乙、漢簡本、王弼本）

虗（楚簡本）──吾（帛書甲乙、漢簡本、王弼本）

汲（楚簡本）──及（帛書甲乙、漢簡本、王弼本）

或（楚簡本）──有（帛書甲乙、漢簡本、王弼本）

楚簡本：貴大患若身……〔可胃貴大患〕若身？虗所以又大患者，爲虗又身；汲虗亡身，或可〔患〕？（乙 5-7）

帛書甲：貴大梡若身……何胃貴大梡若身？吾所以有大梡者，爲吾有身也；及吾无身，有何梡？（113-115）

帛書乙：貴大患若身……何胃貴大患若身？吾所以有大患者，爲吾有身也；及吾无身，有何患？（53 上-54 上）

漢簡本：貴大患若身……何謂貴大患若身？吾所以有大患者，爲吾有身；及吾無身，吾有何患？（152-154）

王弼本：貴大患若身……何謂貴大患若身？吾所以有大患者，爲吾有身；及吾無身，吾有何患？（12-275）

《說文·心部》：「患，憂也。」梡爲溪（匣）母元部，患爲匣母元部，聲母皆爲舌根音，音同可借，「梡」乃「患」之假借。

《郭店楚墓竹簡》釋文虗讀作「吾」。〔註4〕

虗，從壬，虍聲。虍爲曉母魚部，吾爲疑母魚部，聲母皆爲舌面後音，故虗、吾古音通可借。

壬，從人（丿）從土，甲骨文「壬」象人立於土上之形〔註5〕，以示我之存在也。郭店楚墓竹簡、上博竹簡、信陽竹簡，「吾」多作虗，如《信陽楚簡》第 11 簡：「天君天下虗（吾）聞周公。」《郭店楚墓竹簡·魯穆公問子思》第 3 簡：「向者虗（吾）問忠臣於子思。」《上博竹簡·孔子詩論》第 24 簡：「虗（吾）以《甘棠》得宗廟之敬。」〔註6〕

《說文·口部》：「吾，我，自稱也。」故虗爲吾之借。

〔註4〕 荊門市博物館：《郭店楚墓竹簡》，北京：文物出版社，1998 年 5 月，第 18 頁。

〔註5〕 高明、涂白奎：《古文字類編》，上海：上海古籍出版社，2008 年 8 月，第 25 頁。

〔註6〕 滕壬生：《楚系簡帛文字編》，武漢：湖北教育出版社，2008 年 10 月，第 489 ～491 頁。

《郭店楚墓竹簡》釋文返讀作「及」。

傅奕本、范應元本作「苟」，王引之《經傳釋詞》：「苟，猶若也。」《論語‧里仁》：「苟志於仁矣，無惡也。」《說文‧又部》：「及，逮也。從又從人。乁，古文及。《秦刻石》及如此。弓，亦古文及。遺，亦古文及。」《鼄叔盨》「及」從走形，當爲返字，追趕人，並用手抓住他。返、及當爲異體字。

「及」在此用爲連詞，表示假設。王引之《經傳釋詞》卷五：「『及』猶『若』也。……《老子》曰：『吾所以有大患者，爲吾有身；及吾无身，吾有何患？』言若吾無身也。又曰：『取天下常以無事，及其有事，不足以取天下。』言若其有事也。『及』與『若』同義，故『及』可訓爲『若』，『若』亦可訓爲『及』。」《國語‧晉語五》：「病未若死。」義爲：病還沒有到死的地步。

《正字通‧貝部》：「貴，尙也。」由崇尙、重視之義，引申爲敬重之義，《孟子‧萬章下》：「用下敬上謂之貴貴，用上敬下謂之尊賢。」《荀子‧正論》：「下安則貴上。」

按河上公解釋，貴有敬畏之義，若，至也。「貴大患若身」，即敬畏大患加於其身、及於其身。「無身」當爲無己、吾我之義，第七章有「聖人退其身則身先，外其身則身存」，「退其身」、「外其身」指的就是無身，無己、無我則無私（第七章「不以其無私與！」），無私、無欲、無求則無畏。

《廣雅‧釋詁一》：「或，有也。」《書‧五子之歌》：「有一於此，未或不亡。」《呂氏春秋‧貴公》：「無或作好，遵王之道。」

厇（楚簡本）──迌（帛書甲）──橐（帛書乙、漢簡本）──寄〔託〕（王弼本）

楚簡本：〔故貴以身〕爲天下，若可以厇天下矣。（乙8）

帛書甲：故貴爲身於爲天下，若可以迌天下矣。（115）

帛書乙：故貴爲身於爲天下，若可以橐天下〔矣〕（54上-54下）

漢簡本：故貴以身爲天下，若可以橐天下。（154）

王弼本：故貴以身爲天下，若可以寄天下。（12-275）

《正字通‧厂部》：「厇，與宅通。《舉要》、《孝經》宅作厇。」《說文》：「宅，所託也。從宀乇聲。宧，古文宅。厇，亦古文宅。」「宅」古文從「乇」聲。宅爲定母鐸部，厇爲端母職部、乇爲端母鐸部，職、鐸旁轉，音通可借。

《集韻》：「拓，或作撻，又作托。」從其字的構形看，迕與「橐」、「托」的聲符有關，从辵石聲，他各切。《說文》：「橐，囊也。从橐省石聲。」囷，橐之古文。故從「石」之字，或多可讀爲 tuo 音。《說文》：「託，寄也。从言乇聲。」石爲禪母鐸部，宅爲定母鐸部，橐、託爲透母鐸部，乇爲端母鐸部，聲母皆爲舌頭音，故音通可借。《說文‧言部》：「託，寄也。从言乇聲。」揚雄《方言》：「凡寄爲託。」《禮記‧檀弓》：「久矣，予之不託於音也。」《史記‧太史公自序》：「凡人所生者神也，所託者形也。」《說文‧宀部》：「寄，託也。从宀奇聲。」《論語‧泰伯》：「可以託六尺之孤，可以寄百里之命。」

宅與託、寄義通；迕、橐與託音同可借。迕、橐爲借字。

《論語‧陽貨》有「親於其身爲不善者，君子不入也」，與此句式相同：「故貴以身爲天下，若可以託天下矣；愛以身爲天下，若可以寄天下矣。」這三個句式可以比較分析其義。「親於其身」即親身、自身之義；「貴以身」、「愛以身」即貴身、愛身之義。而本文的重點或容易產生歧義的地方在於「貴」與「愛」的解讀上，在《老子》文本中，第 74 章有「是以聖人自知而不自見也，自愛而不自貴也」之句，可見，「愛」與「貴」的意思是對立的，自貴，是以自身爲貴，看重自身；自愛，是愛惜、愛護自身而不糟蹋。

「貴以身」是自貴的意思，與《老子》第 22 章的「自是」、「自見」等意義相近，也與本章的「有身「義同」。用看重自我這個色身的態度來治理或行走天下，則可以託付天下於此人。這是入世法。貴身則有身，有身相則有患。

「愛以身」是出世法，「愛以身」有珍惜、愛惜自身之義，正因爲珍惜愛惜甚至吝惜自己，所以才會以無私、無我的標準來衡量身患，身不爲外物、天下所累，則可以脫離身患。因其無私、無我，故「可以寄（去）天下」。這可以在《莊子‧逍遙遊》中得到解釋：「舉世而譽之而不加勸，舉世而非之而不加沮，定乎內外之分，辯乎榮辱之境。」因爲愛其身，故不會汲汲追求天下世間的榮譽（「彼其於世未數數然也」）。在「堯讓天下于許由」中借許由之口說到：「吾將爲名乎？名者，實之賓也；吾將爲賓乎？鷦鷯巢于深林，不過一枝；偃鼠飲河，不過滿腹。歸休乎君，予无所用天下爲！」《逍遙遊》講的就是有待與無待、有我與無我、有身與無身，柳宗元《蝜蝂傳》講的也是這個道理。以无身或吝惜自身的態度逍遙行走天下，則可以不爲天下所累。

　　《老子》文常以對比的句法從正反兩方面來說明一個道理。這正是《金剛經》所說的「無人相，無我相，無眾生相，無壽者相。」愛身則無身，無身相則無患。

　　當然，「貴」也有重視的意思，如本章：「貴大患若身。」第 17 章：「猶兮，其貴言也。」第 20 章：「而貴食母。」第 27 章：「不貴其師，不愛其資。」第 56 章：「故爲天下貴。」第 62 章：「古之所以貴此者，何也？不謂求以得，有罪以免與？故爲天下貴。」貴與愛意義相同，皆爲重視、珍愛之義，那麼可以翻譯爲相同的意思：以重視、珍惜其身的態度來看待天下，那麼就可以把天下寄託給他來治理。

　　恩（楚簡本）──愛（帛書甲乙、漢簡本、王弼本）
　　楚簡本：恩以身爲天下。（乙 8）
　　帛書甲乙（115，54 下）、**漢簡本**（154）、**王弼本**（12-275）：**愛以身爲天下。**

　　《說文‧夊部》：「愛，行皃。从夊恩聲。」段玉裁注：「《心部》曰：『恩，惠也。』今字假『愛』爲『恩』，而『恩』廢矣。愛，行皃也，故從夊。」高翔麟《字通》：「徐鍇曰：『古以恩爲慈愛，故以此爲行皃。』今通用愛字爲慈愛意。」又《心部》：「恩，惠也。从心旡聲。㤅，古文。」《玉篇‧心部》：「恩，今作愛。」朱珔《叚借義證》：「今惠恩字皆借愛字爲之而恩廢，即愛之本義亦廢矣。」《亢倉子》：「士，有天下人恩之而主不恩者，有主獨恩之而天下人不恩者。」恩、愛爲古今字。

　　女（帛書甲乙）──若（楚簡本、漢簡本、王弼本）
　　达（楚簡本）──寄（帛書甲乙、漢簡本）──託（王弼本）
　　楚簡本：若可以达天下矣。（乙 8）
　　帛書甲：女可以寄天下。（115）
　　帛書乙：女可以寄天下矣。（54 下）
　　漢簡本：若可以寄天下。（154）
　　王弼本：若可以託天下。（12-275）
　　女爲日母魚部，若爲日母鐸部，「魚」、「鐸」對轉，故女、若古音通可借。

王弼注曰：「無以易其身，故曰『貴』也，如此，乃可以託天下也；無物可以損其身，故曰『愛』也，如此，乃可以寄天下。」（因爲珍惜其身，故不以物損其身）王弼此處以「若」作「乃」、「如此」解。《小爾雅・廣言》：「若，乃也。」《管子・海王》：「一女必有一鍼一刀，若其事立。」尹知章注：「若，猶然後。」《國語・周語中》：「必有忍也，若能有濟也。」《馬王堆漢墓帛書・經・姓爭》：「刑德相養，逆順若成。」「女」乃「若」之假借字。

《說文・去部》：「去，人相違也。从大ㄙ聲。」段玉裁注：「違，離也。」《詩・大雅・生民》：「鳥乃去矣，後稷呱矣。」古文「去」字形有離開、行走之義，《廣韻》：「去，離也。」《玉篇》：「去，行也。」故「达」與「去」當爲一字之異體（可參見高明、涂白奎《古文字類編》和《漢語大字典》「去」字之古文，有「达」之古文，從辵從去，去亦聲，即「去」字），「去」爲溪母魚部字，「寄」是見母歌部字，聲母皆爲舌面後音，「魚」、「歌」通轉，古音通可借。「达」疑音讀作 ke 四聲，當爲溪母歌部字，義爲「去」。如今楚地方言「去」多讀爲 ke 四聲，爲行走之義。楚系文字「达」亦爲「去」字義〔註7〕，如此，則「去」與「託」義相反，因爲吝惜、愛惜自身，則會於天下不顧而捨棄天下，此則與河上公解釋相似。《莊子・讓王》：「道之眞以治身，其緒餘以爲國家，其土苴以治天下。由此觀之，帝王之功，聖人之餘事也，非所以完身養生也。」即：用重視自身的態度來看待天下，那麼就可以把天下託付給他來治理；用愛惜自身的態度來看待天下，那麼就可以離開天下。

「达」乃「寄」之假借字；或從楚簡本，字當從「去」，「寄」乃「达」之假借。與出土本和傅奕本等比較，王弼本「寄」、「託」顛倒。

本章整理：寵辱若驚，貴大患若身。何謂寵辱若驚？寵之爲下也，得之若驚，失之若驚，是謂寵辱若驚。何謂貴大患若身？吾所以有大患者，爲吾有身也；及吾无身，有何患？故貴以身爲天下，若可以託天下矣；愛以身爲天下，若可以去天下矣。

〔註7〕 滕壬生：《楚系簡帛文字編》，武漢：湖北教育出版社，2008 年 10 月，第 174頁。

第十四章　贊　玄

揗（帛書甲乙）——搏（王弼本、漢簡本）

夷（帛書甲乙）——微（王弼本、漢簡本）

帛書甲：視之而弗見，名之曰镸；聽之而弗聞，名之曰希；揗之而弗得，名之曰夷。（115-116）

帛書乙：視之而弗見，〔命〕之曰微；聽之而弗聞，命之曰希；揗之而弗得，命之曰夷。（54下-55上）

漢簡本：視而弗見，命之曰夷；聽而弗聞，命之曰希；搏而弗得，命之曰微。（155）

王弼本：視之不見，名曰夷；聽之不聞，名曰希；搏之不得，名曰微。（12-275）

《說文》：「揗，撫也。从手盾聲。一曰摹也。」鈕樹玉《較錄》：「《玉篇》、《廣韻》作『揗』。」《正字通・手部》：「揗，同揗。」《廣雅・釋詁》：「揗，循也。」《列子・天瑞》作「循之不得」，《淮南子・天道》作「循之不得其身。」《改併四聲篇海・手部》：「揗，拭也。」「拭」亦有用手觸摸之義。

「搏」有拊、拍之義。《史記・李斯傳》：「彈箏搏髀。」《書・益稷》：「搏拊琴瑟。」與「揗」義相同而可通用。但「搏」為拍打，動作粗疏，當從帛書本作「揗」。

《說文・彳部》：「微，隱行也。从彳散聲。《春秋傳》曰：『白公其徒微之。』」段玉裁注：「（《左傳》杜預注與《爾雅・釋詁》）皆言隱不言行。」《左

傳‧哀公十六年》：「白公奔山而縊，其徒微之。」杜預注：「微，匿也。」孔穎達疏引郭璞云：「微謂逃藏也。」隱匿、逃藏皆不可見，與「視」相對應，故當從帛書本作：「視之而弗見，名之曰微。」「微」爲幽隱之義。《禮記‧學記》：「微而藏。」孔穎達釋「微」爲「幽隱」。微而不可見，希而不可聽；但觸摸之則可得，故觸摸與生滅相對。《廣雅‧釋詁四》：「夷，滅也。」滅則消失，無可觸摸之。故曰：「搗之而弗得，名之曰夷。」帛書甲本「微」字，隸作「聲」，當爲聲之誤，碑銘之「微」字，中下多作「耳」形。《古文四聲韻》（P71 頁上）《籀韻》也從「耳」。

三者（帛書甲乙、王弼本）──參也（漢簡本）
計（帛書甲乙、漢簡本）──詰（王弼本）
帛書甲乙：三者不可至計。（116，55 上）
漢簡本：參也，不可致計。（155-156）
王弼本：此三者不可致詰。（12-275）

三、參皆爲心母侵部字，故音同可借。《廣雅‧釋言》：「參，三也。」《左傳‧隱公元年》：「先王之制，大都不過參國之一。」杜預注：「三分國城之一。」

《說文‧白部》：「者，別事詞也。从白𣥏聲。𣥏，古文旅字。」此句中用作助詞，表示前面的人、事、物，或表示停頓。「也」有在句中表示語助之意，表示停頓，《顏氏家訓‧書證》：「也，其閒字有不可得無者。」王引之《經傳釋詞》卷四：「也，有在句中助語者。」也，有表示「此」義，《玉篇‧く部》：「也，斯也。」《論語‧先進》：「柴也愚，參也魯。」此文中「也」，既可作語助，表停頓，也可表人：柴這人啊愚笨，參這人啊魯莽。《文心雕龍‧原道》：「文之爲德也大矣。」其中的「也」可換成「者」字，亦通。古文中，者、也通常可以連用，《子夏易傳》：「乾，始降氣者也。」者爲章母魚部，也爲餘母歌部，聲母皆爲舌頭音，魚、歌通轉，故者、也音義通可互用。

詰爲溪母質部字，計爲見母脂部，聲母皆爲舌根音，「質」、「脂」對轉，故音通可借。

《說文》：「詰，問也。从言吉聲。」《左傳‧僖公十五年》：「詰之，對曰：『乃大吉也。』」

　　《廣雅・釋言》：「計，校也。」《管子・八觀》：「行其田野，視其耕耘，計其農事，而飢飽之國可以知也。」計爲考校之義。「計」與「詰」音通義近，可互用。《玉篇・至部》：「至，極也。」至有窮盡、極盡之義，《管子・侈靡》：「女言至焉。」尹之章注：「至，謂盡理。」致也有竭盡、窮盡之義，《國語・吳語》：「飲食不致味，聽樂不盡聲。」韋昭注：「致，極也。不極五味之調。」又有詳審、推究之義，《禮記・大學》：「致知在格物。」朱熹注：「致，推極也。知，猶識也。推極吾之知識，欲其所知無不盡也。」又《樂記》：「致樂以治心。」鄭玄注：「致，猶深審也。」孔穎達疏：「言深遠詳審樂之道理。」本句義爲：上述三種情況是不可以極盡詳審追問的。故當從「致」。

　　囷（帛書甲）——絽（帛書乙）——運（漢簡本）——混（王弼本）
　　帛書甲：故囷〔而爲一〕。（116-117）
　　帛書乙：故絽而爲一。（55 上）
　　漢簡本：故運而爲一。（156）
　　王弼本：故混而爲一。（12-275）

　　「混」、「捆」義近，「捆」同「稇」，纏束在一起，《呂氏春秋・士節》：「齊有北郭騷者，結罘網，捆蒲葦，織萉屨，以養其母。」陳奇猷《校釋》引楊樹達曰：「捆，《說文》作『稇』，云：『絭束也。』」囷，從束從口，即從外圍束縛起來，具有「捆束」義。按老子文意，將三者「混而爲一」，則有聚攏束縛在一起的意思。而不是「楎」意（馬敘倫和帛書研究組說），「完木未析」表達的是一個一開始就完整的事物，而此處文義說的是把分散的幾個聚合起來。

　　帛書研究組於此處的乙本注曰：「絽，疑爲『緄』字……在此讀爲『捆』。」高明云：「按絽字從君得聲，『混』字從昆得聲，『君』、『昆』皆見紐文部字，古讀音相同，故甲本囷字與乙本絽字，均當從今本假爲『混』。」〔註1〕絽從糸，亦有捆義，《說文・糸部》：「糸，細絲也。象束絲之形。」《廣韻・錫韻》：「糸，連也。」故囷、絽、混義同可通用。運、混爲匣母文部，捆爲溪母文部，與見母文部字的「君」、「昆」舌面後音（牙喉音），故音通可借。

〔註 1〕　高明：《帛書老子校注》，北京：中華書局，1996 年，第 284 頁。

攸（帛書甲）──謬（帛書乙）──杲（漢簡本）──曒（王弼本）

忽（帛書甲乙）──沒（漢簡本）──昧（王弼本）

帛書甲：一者，其上不攸，其下不忽。（117）

帛書乙：一者，亓上不謬，亓下不忽。（55 上）

漢簡本：參也，其上不杲，其下不沒。（156）

王弼本：其上不曒，其下不昧。（12-275）

河上公注「其上不曒」曰：「言一在天上，不皎皎光明，上下無窮極也。」注「其下不昧」曰：「言一在天下，不昧昧有所暗冥。」故河上公本當也有「一者」二字，傅奕本亦如此，承上「一」而來，漢簡本作「參也」，從句式的承接關係來看，不甚合理，故當從帛書本。

《說文·白部》：「曒，玉石之白也。从白敫聲。」《玉篇·白部》：「曒，白也，亦與皎同。」玄應《一切經音義》卷二引《埤蒼》：「皎，明也，淨也。」《詩·王風·大車》：「謂予不信，有如曒日。」毛傳：「曒，白也。」陸德明《經典釋文》：「曒，本又作皎。」

《說文·木部》：「杲，明也。从日在木上。」《詩·衛風·伯兮》：「杲杲出日。」《廣雅·釋訓》：「杲杲，白也。」《玉篇·木部》：「杲，白也。」《淮南子·天文》：「日登於扶桑，是謂朏明，故杲字日在木上。」

曒、杲皆爲見母宵部，故音義皆同可互用。

高明：從字音分析，「攸」、「謬」、「曒」三音雖用字各異，而讀音相同。如「攸」字古屬喻紐幽部，「謬」字屬明紐幽部，「喻」、「明」二紐古相通轉。如喻紐「溢」字與明紐「諡」字通假，《詩·周頌·維天之命》「假以溢我」，《說文》卷三引作「誐以謐我」。段玉裁注：「謐，鉉本作『溢』，此用毛詩改竄也，《廣韻》引《說文》作『謐』。按毛詩『假以溢我』，傳曰：『假嘉溢愼』，與『誐』、『謐』字異義同。許所偁蓋《三家詩》『誐』、『謐』皆本義，『假』、『溢』皆假借也。」又如《說文》「璊」字，先云「從玉㒼聲」，莫奔切，屬明紐；又云「璊或从允」，「允」余準切，屬喻紐。此皆「喻」、「明」二紐通轉之證。「攸」、「謬」古音相同，而「攸」、「曒」與「謬」、「曒」古音皆通。「謬」、「攸」皆幽部字，「曒」屬宵部，「宵」、「幽」旁轉。「謬」聲在明紐，「曒」在見紐，「明」、「見」二紐相通。如《左傳·莊公十年》「曹劌請見」，《史記·魯世家》《刺客列傳》均作「曹沫」，「劌」屬見紐，「沫」

在明紐。《周禮・考工記・匠人》「廟門容大扃七個」，《說文・鼎部》引作「廟門容大鼏七箇」。「鼏」，莫狄切，民紐字；「扃」，古熒切，見紐字。皆「明」、「見」二紐通用之證。「攸」聲在喻紐，「皦」在見紐，「喻」、「見」二紐發音相近。如「貴」見紐字，加辵符讀作喻紐「遺」；「谷」見紐字，加水符讀作喻紐「浴」；反之，「異」喻紐字，加北符讀作見紐「翼」。以上參見黃焯《古今聲類通轉表》。下句「忽」、「昧」二字古音亦通，「忽」字從勿得聲，與「昧」字同爲明紐物部字，乃雙生疊韻，音同互假。……三者用字雖異，而古讀音相同。「攸」、「謬」、「皦」通假，「忽」與「昧」通假。今本用本字，帛書用借字，當從今本。〔註 2〕

攸爲餘母幽部，謬爲明母幽部，攸、謬皆爲假借字。「喻四歸定」，「照三歸定」，即章組歸定，章組與見組不僅在諧聲字和出土文獻中有互諧，在潮州話和老湘語中也能互讀。餘母與舌、齒、喉牙音諧用，李方桂、周祖謨有分析研究，王力也說：「喻母四等的上古音，是最難解決的一個問題。」（王力《漢語語音史》第 22 頁。）明母和見母出了上面高明所舉例子外，明母和曉母在出土文獻和諧聲字裏也常常互諧，而李新魁認爲上古「曉匣」應歸爲「見溪羣」母裏（《李新魁語言學論集》第 18 頁）。

宵、幽旁轉，故攸、謬乃皦之借。

物當爲「忽」之異體。「忽」有恍惚、不分明的意思，與「昧」義同。《荀子・賦》：「忽兮其極之遠也，攭兮其相逐而反也。」楊倞註：「言雲恍惚之極而遠舉，或分散相逐而還於山。」《楚辭・九歌・國殤》：「出不入兮往不反，平原忽兮路超遠。」《淮南子・原道》：「忽兮怳兮，不可爲象兮。」高誘注：「忽、怳，無形貌也。」

《說文・日部》：「昧，爽，旦明也。从日未聲。一曰闇也。」王筠《釋例》：「昧爽之時，較日出時言之則爲闇；較雞鳴時言之則爲明，本是一義，不須區別。」《玉篇・日部》：「昧，冥也。」《易・屯》：「天造草昧。」賈公顏疏：「昧，謂冥昧。」《廣韻・隊韻》：「昧，暗昧。」《書・堯典》：「宅西，曰昧谷。」孔傳：「昧，冥也。日入於谷而天下冥，故曰昧谷。」又《書・太甲》：「先王昧爽丕顯。」孔穎達疏：「昧是晦冥，爽是未明，謂夜向晨也。」故忽、昧音通義同，可互用。

〔註 2〕 高明：《帛書老子校注》，北京：中華書局，1996 年，第 285～286 頁。

《說文·水部》：「沒，沈也。从水从叟。」朱駿聲《說文通訓定聲·履部》：「沒，叚借爲昧。」《戰國策·趙策四》：「沒死以聞。」《史記·趙世家》寫作「沒死」。「沒」作爲沉入水中之義，本身即有淹沒、消失不見之義，與「昧」義通。

忽爲曉母物部，昧、沒爲明母物部。上面已說明在出土文獻和諧聲字中明母和見母、曉母常常相通的例證，故忽、沒、昧三字音義皆通可通用。

尋尋（帛書甲乙）──台台微微（漢簡本）──繩繩（王弼本）
名（帛書甲、王弼本）──命（帛書乙、漢簡本）
帛書甲：尋尋呵不可名也。（117）
帛書乙：尋尋呵不可命也。（55 上）
漢簡本：台台微微，不可命。（156）
王弼本：繩繩不可名。（12-275）

《集韻·準韻》：「繩，繩繩，無涯際貌。一曰運動不絕意。」其音讀爲 mǐn。河上公注：「繩繩者，動行無窮極也。」《詩·周南·螽斯》：「宜爾子孫繩繩兮。」朱熹《詩集傳》：「繩繩，不絕貌」。《詩·大雅·下武》：「繩其祖武。」朱熹集注：「繩，繼也。」「尋」與「繩」一樣，有「繼」、「連續不斷」的意思，晉向秀《思舊賦》：「聽鳴笛之慷慨兮，妙聲絕而復尋。」「尋尋」則與「繩繩」一樣，有不絕貌。另外，「尋」與「繩」音或可通，高明云：「『尋尋』、『繩繩』同音，皆重言形況字，此當從今本作『繩繩』爲是。」[註3] 繩爲船母蒸部字，尋爲邪母侵部字，根據錢玄同「邪紐古歸定紐」以及錢大昕的古無舌上音之說，或照三歸定，「蒸」、「侵」通轉，故繩、尋音通可借。

台爲餘母之部，喻四歸定，之、蒸對轉，之、侵通轉，故「台」可與「繩」、「尋」通假。繩作「繩繩」義的時候，繩又爲明母文部，微爲明母微部，文、微對轉，故繩、微音通可借。（漢）趙曄《吳越春秋·勾踐歸國外傳》：「葛不連蔓棻台台，我君心苦命更之。」此處的「台台」當解釋爲眾多而連綿不絕貌；（南朝梁）沈約《劉眞人東山還》：「連峯竟無已，積翠遠微微。」無已和微微互文，有連綿不絕之義。故「台台微微」與「繩繩」義同可互換。

[註3] 高明：《帛書老子校注》，北京：中華書局，1996 年，第 286 頁。

　　名、命皆爲明母耕部字，音同可借。《廣雅·釋詁三》：「命，名也。」王念孫《疏證》：「命即名也。名、命古同聲同義。」《呂氏春秋·察今》：「東、夏之命，古今之法，言異而典殊，故古之命多不通乎今之言者，今之法多不合乎古之法者。」《史記·天官書》：「免七命。」司馬貞《索隱》註：「免星有七名。」又《張耳傳》：「亾命遊外黃。」司馬貞註：「脫名逃籍也。」《左傳·桓公二年》：「晉穆侯之夫人姜失，以條之役生太子，命之曰仇。」阮元《校勘記》：「《漢書·五行志》中引作『名之曰仇』。案：名，即命也。」《韓非子·和氏》：「遂命曰『和氏之璧』。」

　　《說文·口部》：「名，自命也。从口从夕。夕者，冥也。冥不相見，故以口自名。」「名」與「命」通，《管子·幼官》：「三年，名卿請事。」《墨子·尚賢》：「乃名三后，恤功於民。」名、命音義皆同，可通用。

　　沕（帛書乙）──沒（漢簡本）──　惚（王弼本）
　　望（帛書乙）──芒（漢簡本）──恍（王弼本）
　　帛書乙：是胃沕望。（55 下）
　　漢簡本：是謂沒芒。（157）
　　王弼本：是謂惚恍。（12-275）
　　21 章 帛書甲本：道之物，唯望唯忽。（忽呵望）呵，中有象呵；望呵忽呵，中有物呵。

　　乙本：道之物，唯望唯沕。沕呵望呵，中又象呵；望呵沕呵，中有物呵。

　　沕、沒爲明母物部字，惚爲曉母物部字，明母和曉母互諧（見上說），故音通可借。

　　《廣韻·物韻》：「沕，沕穆，微也。」《集韻·勿韻》：「沕，沕穆，深微皃。」《史記·屈原賈生列傳》：「沕穆無窮兮，胡可勝言。」司馬貞《索隱》：「沕穆，深微之貌。」惚與恍、忦連用，爲幽微、不分明、難以捉摸之義，與「沕」義同。《韓非子·忠孝》：「世之所爲烈士者……爲恬淡之學，而理恍惚之言。臣以爲恬淡，無用之教也；恍惚，無法之言也。」《史記·司馬相如列傳》：「於是乎周覽泛觀，瞋盼軋沕，芒芒恍忽，視之無端，察之無涯。」

　　沒，見上文忽、沒、昧的解釋。

朢、芒皆爲明母陽部字，怳爲曉母陽部字，明母與曉母互諧（見上說），音通可借。

《說文・壬部》：「朢，月滿與日相朢，以朝君也。从月从臣从壬。壬，朝廷也。𡩜，古文朢省。」朢，與「望」字通。

怳怳，幽微不測之貌。21 章王弼注：「怳惚，無形不繫之歎。」本章王弼注：「欲言無邪，而物由以成；欲言有邪，而不見其形。故曰『無狀之狀，無物之象』也。」「怳」、「惚」有多個借字，爲唇音和喉音諧用：

怳（曉）：怳（曉），芒（明），慌（曉），望（明），朢（明）

惚（曉）：曶（曉），芴（曉），忽（曉），沕（明）

揚雄《法言》：「神心惚恍。」《漢書・揚雄傳》作「曶怳」。亦通作芴。《莊子・至樂》：「芒乎芴乎。」芴與惚同，又通作忽，《史記・司馬相如傳》：「芒芒怳忽。」《枚乘・七發》：「怳兮惚兮，聊兮慄兮，混汨汨兮。」《荀子・正名》：「愚者之言，芴然而粗。」楊倞注：「芴與忽同。忽然，無根本貌。」

今（帛書甲乙）──古（漢簡本、王弼本）

以（帛書甲乙、漢簡本）──能（王弼本）

始（帛書甲乙、王弼本）──以（漢簡本）

帛書甲乙：執今之道，以御今之有，以知古始。（118，56 上）

漢簡本：執古之道，以御今之有。以智古以。（157-158）

王弼本：執古之道，以御今之有，能知古始。（12-275）

今之道皆法古而來，故後文云「以知古始」，《老子》文中所嚮往推崇的小國寡民的社會，便是這種古之道紀。「今」字在此句中不合邏輯，與整個《老子》文義也多有乖謬。故當從「古」。

《說文・彳部》：「御，使馬也。从彳从卸。馭，古文御从又从馬。」《說文・示部》：「禦，祀也。从示御聲。」段玉裁注：「後人用此爲禁禦字，古只用御字。」《詩・邶風・谷風》：「我有旨蓄，亦以御冬。」毛《傳》：「御，禦也。」《左傳・昭公十二年》：「唯是桃弧、棘矢以共禦王事。」俞樾《古書疑義舉例》卷七：「共、禦二字同義，禦與御通。」御、禦皆爲疑母魚部，音同可借。禦乃御之假借。

　　吕，古文「以」字。《說文·吕部》：「吕，用也。从反巳。賈侍中說：巳，意已實也。象形。」《詩·齊風·猗嗟》：「四矢反兮，以禦亂兮。」鄭玄箋：「必四矢者，象其能禦四方之亂也。」「以」有能、可以之義。又如《孟子·滕文公下》：「大則以王，小則以霸。」《韓非子·揚權》：「以賞者賞，以刑者刑。」以上「以」、「能」可互換。

　　《說文·能部》：「能，熊屬。足似鹿。从肉吕聲。」吕聲即以聲；以爲餘母之部，能爲泥母蒸部，聲母皆爲舌頭音，之、蒸對轉，故音通可借，「以」爲「能」之借。

　　以爲餘母之部，始爲書母之部，古無舌上音，聲母皆爲舌頭音，故音通可借。《說文·女部》：「始，女之初也。从女台聲。」王獻唐《釋醜》：金文（始）「字從司聲，或司、以兩從」，「形體雖異，皆以所從之聲，變其制作，古吕（即以字）、台同音，從以亦從台……以齒音求之，司、姒同音，以時間及空間關係，每與舌上音之以相混或讀以。」以乃始之借。

　　本章整理：視之而弗見，名之曰微；聽之而弗聞，名之曰希；捪之而弗得，名之曰夷。此三者不可致詰，故混而爲一。一者，其上不皦，其下不昧，繩繩兮不可名也，復歸於无物。是謂无狀之狀，无物之象，是謂惚恍。隨而不見其後，迎而不見其首。執古之道，以御今之有，以知古始，是謂道紀。

第十五章　顯　德

道（帛書乙）──士（楚簡本、漢簡本、王弼本）

楚簡本：古之善爲士者。（甲8）

帛書乙：古之善爲道者。（56上）

漢簡本：古之爲士者。（159）

王弼本：古之善爲士者。（12-275）

河上公注：「謂得道之君也。」成玄英疏：「故援昔善修道之士以軌則聖人。」朱謙之云：「依河上公注，『善爲士者』當作『善爲道者』。傅奕本『士』作『道』，即其證。畢沅曰：『道』，河上公、王弼作『士』。案：作『道』是也，高翿本亦作『道』。」通行本第六十八章有「善爲士者不武。」彼「爲士者」與此「爲道者」上下文語境不同，義有所別。

楚簡本、漢簡本及其他通行本本多作「士」。《說文》：「士，事也。」段玉裁注：「引申之，凡能事其事者稱士。」這種說法顯得過於籠統。「士」應該是指古代四民之一，《管子·小匡》：「士農工商四民者，國之石民也。」尹知章注：「四者國之本，猶柱之石也。」《穀梁傳·成公元年》：「古者有四民：有士民，有商民，有農民，有工民。」范甯注：「士民，學習道藝者。」《唐六典三·戶部尚書》：「凡習學文武者爲士，肆力耕桑者爲農，工作貿易者爲工，屠沽與販者爲商。」可見，士指農工商以外學道藝、習武勇之人。當然，也應該包括那些貴族官吏士大夫，《書·多士·序》：「成周既成，遷殷頑民，周公以王命誥，作《多士》。」孔穎達疏：「士者，在官之總號。」《詩·周頌·清廟》：「濟濟多士，秉文之德。」孔穎達疏：「濟濟之眾士，謂朝廷之臣也。」朝廷之臣包含在四民之一的士中，爲文官，并不相衝突。「士」的外延範圍要

廣，「道者」包含於其中。但從其下文所描述的形象看，範圍狹窄，應該是僅僅指「爲道者」。另外，從音韻的角度看，士爲崇母之部，道爲定母幽部，「照二歸精」，方言中有精組讀爲端組的，如山東臨沂等地，之、幽旁轉，故士、道音通可借，士爲道之借。

　　非（楚簡本）──微（帛書乙、漢簡本、王弼本）
　　溺（楚簡本）──眇（帛書乙、漢簡本）──妙（王弼本）
　　達（楚簡本、帛書乙、漢簡本）──通（王弼本）
　　楚簡本：必非溺玄達。（甲 8）
　　帛書乙（56 上）、**漢簡本**（159）：**微眇玄達。**
　　王弼本：微妙玄通。（12-275）
　　非爲幫母微部，微爲明母微部，聲母皆爲唇音，故音通可借。「非」乃「微」之假借字。楚簡本有「必」字，爲「一定是」之義。

　　《爾雅·釋詁》：「微，幽微也。」《易·繫辭下》：「知微知彰。」《書·大禹謨》：「道心惟微。」引申爲微妙、精深之義。《禮記·禮運》：「德產之致也精微。」《禮記·學記》：「其言也約而達，微而臧。」孔穎達疏：「微，謂幽微。」《荀子·解蔽》：「未可謂微也。」楊倞注：「微者，精妙之謂也。」

　　溺，《集韻·嘯韻》音作「奴弔切」，古音爲泥母藥部字。與「尿」同，小便也。《莊子·人世間》：「夫愛馬者，以筐盛矢，以蜄盛溺。」又《扁鵲倉公列傳》：「中熱，故溺赤也。」「妙」、「眇」爲明母宵部字，「溺」從弱得聲，「娘、日歸泥」，日母的音值擬測也很複雜，有明母和日母互諧的例子，宵、藥對轉，音通可借。溺、眇爲「妙」之假借字。

　　《郭店楚墓竹簡》註釋：「溺，簡文從『弓』從『勿』從『水』，此處似借爲『妙』。此字亦見於《包山楚簡》第 246 號：『思攻解於水上於溺人』。溺人，沒於水中之人。」〔註1〕
　　廖名春：「簡文並非從『『弓』從『勿』從『水』』。所謂『弓』，乃人的側身形象，戰國文字中『人』作偏旁時與『弓』混。兩人側身站著撒尿，這就是『弱』字的本義。加水旁繁化爲『溺』。而『尿』則爲『弱』字的簡化，將

────────────────

〔註 1〕　荊門市博物館：《郭店楚墓竹簡》，北京：文物出版社，1998 年 5 月，第 114 頁。

二人簡爲一人，所以應是『弱』字的別體。正因爲『溺』、『尿』皆爲『弱』的異寫，所以文獻中不但『溺』與『弱』可互作，而且『溺』也讀作『尿』。如《史記‧范雎蔡澤傳》：『更溺雎。』張守節《史記正義》：『溺，古尿字。』《漢書‧酈食其傳》：『沛公則解其冠，溺其中。』《韓安國傳》：『然即溺之。』《周仁傳》：『常衣弊補衣溺袴。』顏師古注此三『溺』字皆云：『溺讀曰尿。』『溺』即『尿』之繁文，故能與『妙』通，不能讀爲『沒』。『妙』、『眇』通用，『眇』爲『妙』之借。」〔註2〕

　　達，《郭店楚墓竹簡》釋爲「達」，其形與《古文四聲韻》引《古老子》之「達」形極爲近似。《包山楚簡》第119號有此字形，係人名「司馬達」〔註3〕

　　此字又見於郭店簡《窮達以時》第11號簡：「動非爲達也」，第15號簡：「窮達以時」，《語叢一》第60簡：「政不達，且生乎不達其然也。」〔註4〕至於以是否協韻來推測哪爲古本，則只能徒勞矣。既然二字義同，則可能爲時人用字習慣而變。

　　《玉篇‧辵部》：「達，通也。」義爲通達、通曉、洞曉之義。《書‧堯典》：「達四聰。」《禮記‧禮器》：「君子之人達。」《左傳‧昭公七年》：「其後必有達人。」杜預註：「達人，知能通達之人也。」《荀子‧君道》：「則公道達而私門塞矣，公義明而私事息矣。」《論語‧鄉黨》：「丘未達，不敢嘗。」《說文》：「通，達也。從辵甬聲。」《釋名‧釋言語》：「通，洞也，無所不洞貫也。」《易‧繫辭上》：「曲成萬物而不遺，通乎晝夜之道而知。」孔穎達疏：「言通曉於幽明之道，而無事不知也。」以「通」義爲優。

　　「通」、「達」二字義同而互用。

　　志（楚簡本、帛書甲乙）──識（漢簡本、王弼本）
　　楚簡本（甲8）、**帛書甲乙**（119，56上）：深不可志。
　　漢簡本（159）、**王弼本**（12-275）：深不可識。

〔註2〕廖名春：《郭店楚簡老子校釋》，北京：清華大學出版社，2003年6月，第80～81頁。

〔註3〕荊門市博物館：《郭店楚墓竹簡》，北京：文物出版社，1998年5月，第114頁。

〔註4〕滕壬生：《楚系簡帛文字編》，武漢：湖北教育出版社，2008年10月，第160～161頁。

　　《廣雅・釋詁二》:「志，識也。」王念孫《疏證》:「鄭注云:志，古文識。識，記也。」《集韻・志韻》:「識，記也。或作志。」《字彙・心部》:「志，記也。與誌同。」《禮記・檀弓上》:「孔子之喪，公西赤爲志焉。」鄭玄注:「志謂章識。」孫希旦《集解》:「葬之有飾，所以表識人之爵行，故謂之志。」《老子》此句有「深不可測」之意。楊樹達《積微居小學述林》:「識字依事之先後分爲三義:最先爲記識，一也;認識次之，二也;最後爲知識，三也。記識、認識皆動作也，知識則名物矣。余謂識字當以記識爲本義……許君以知訓識者，知字本有記載之義，亦有認識之義。」「志」、「識」皆爲章母之部字，音義皆通，故可通用。

　　頌（楚簡本、漢簡本）——容（帛書甲乙、王弼本）
　　楚簡本:是以爲之頌。（甲8）
　　帛書甲乙（119，56上-56下）:夫爲不可志，**故強**爲之容曰。
　　漢簡本:夫爲不可識，**故強**爲之頌曰。（159）
　　王弼本:夫爲不可識，**故強**爲之容。（12-275）
　　頌爲邪母東部字，容爲餘母東部字，根據錢玄同「邪紐古歸定紐」，喻四歸定，聲母皆爲舌頭音，故音同可借。
　　《說文・頁部》:「頌，皃也。从頁公聲。額，籀文。」段玉裁注:「皃下曰:『頌，儀也。』古作頌皃，今作容皃。古今字之異也。」《漢書・儒林傳・毛公》:「魯徐生以頌爲禮官大夫，傳子至孫延、襄。」顏師古注:「頌讀與容同。」《漢書・惠帝記》:「有罪當盜械者，皆頌繫。」顏師古注:「古者頌容同。」段玉裁《說文解字注・頁部》:「此假頌爲寬容字也。」《玉篇・宀部》:「容，容儀也。」《詩・周頌・振鷺》:「振鷺于飛，于彼西雝。我客戾止，亦有斯容。」鄭玄箋:「言威儀之善如鷺然。」「爲之榮」即描寫其儀容。頌、容古音義皆同，可通用。

　　夜（楚簡本）——與（帛書甲乙）——就（漢簡本）——豫（王弼本）
　　啻（楚簡本）——呵（帛書甲乙）——虖（漢簡本）——焉（王弼本）
　　奴（楚簡本）——若（帛書甲乙、王弼本）——如（漢簡本）
　　各（楚簡本）——冬（帛書甲乙、漢簡本、王弼本）

川（楚簡本、王弼本）——水（帛書甲乙、漢簡本）
楚簡本：夜嘗奴各涉川。（甲 8）
帛書甲：與呵其若冬〔涉水〕。（119）
帛書乙：與呵亓若冬涉水。（56 下）
漢簡本：就嫭其如冬涉水。（159-160）
王弼本：豫焉若冬涉川。（12-275）

夜爲餘母鐸部字，與、豫皆爲餘母魚部字，故音同可借。就爲從母覺部字。餘母能與舌、齒、牙喉音互諧；覺、魚旁對轉（中古音韻地位皆爲開口、三等、去聲），魚、鐸對轉。故四字音通可借，夜、與、就乃豫之假借。

「猶」爲餘母幽部字，魚、幽旁轉，「猶豫」爲雙聲疊韻詞。「就」與「酋」（從母幽部）音通，《春秋繁露・天辨在人》：「天無怒氣亦何以清而秋就殺。」俞樾《評議》：「就，當讀爲酋。《史記・魯世家》『考公酋』，《索隱》引《系本》作『就』是也。」故猶、豫、就音可通。「就」亦與「蹴」（清母覺部）通，有恭敬之義，音義皆通可借，但其後一句用「猶」本字，故此「就」當爲「豫」之借字。

「與」與「豫」通，遲疑懷疑之義，《莊子・大宗師》：「與乎其觚而不堅也。」陸德明《經典釋文》：「與，疑貌。」又朱駿聲《說文通訓定聲・豫部》：「豫，叚借爲與。」《左傳・隱公元年》：「豫凶事，非禮也。」豫，參與也。

「夜」與「與」通。裘錫圭：「坪夜即平輿，『夜』、『輿』二字古音同聲同部。」〔註5〕「平輿」見於《史記・秦始皇本紀》二十三年，包山楚簡多有「坪夜君」之稱〔註6〕。

《說文》：「猶，玃屬。从犬酋聲。一曰隴西謂犬子爲猷。」《集韻》：「猶，居山中，聞人聲豫登木，無人乃下。世謂不決曰猶豫。或作猶。」《爾雅・釋獸》：「猶如麂，善登木。」《說文》：「豫，象之大者。……从象予聲。𧰼，古文。」

猶、豫乃二獸之名，性多疑。凡人臨事遲疑不決者，借以爲喻。

「猶豫」，亦有寫作「猶與」、「尤豫」、「尤疑」者，蓋皆音相通也。

〔註5〕 裘錫圭：《談談隨縣曾侯乙墓的文字資料》，《文物》，1979（7），第 26 頁。
〔註6〕 滕壬生：《楚系簡帛文字編》，武漢：湖北教育出版社，2008 年 10 月，第 661～662 頁。

《離騷》:「心猶豫而狐疑。」「猶豫」即「狐疑」。《楚辭·九章·惜誦》:「壹心而不豫兮,羌不可保也。」王逸注:「豫,猶豫也。」《史記·呂后本紀》:「計猶豫未有所決。」《禮記·曲禮》:「所以使民決嫌疑,定猶與也。」孔穎達疏:「猶,玃屬;與,象屬。二獸皆進退多疑,人多疑惑者似之。」《淮南子·兵略》:「擊其猶猶,凌其與與。」

《漢書·馬援傳》:「尤豫未決。」《後漢書·來歙傳》:「尤豫不決。」《後漢書·竇武傳》:「武復數白誅曹節等,太后尤豫未忍,故事久不發。」李賢注:「尤豫,不定也。」《資治通鑒·漢光武帝建武六年》:「囂復多設疑故,事久尤豫不決。」胡三省注:「尤,讀與猶同。」《新唐書·馬璘傳》:「諸將尤疑,未敢擊。」

王弼注:「冬之涉川,豫然若欲度、若不欲度,其情不可得見之貌也。」

《郭店楚墓竹簡》釋文啚讀爲「乎」。啚,從口、虎聲,虎爲曉母魚部字,乎、虖爲匣母魚部字,聲母皆爲舌面後音,故音通可借。《說文·兮部》:「乎,語之餘也。从兮,象聲上越揚之形也。」用於句中表示語氣的頓緩,《論語·雍也》:「於從政乎何有?」屈原《離騷》:「冀枝葉之峻茂兮,愿竢時乎吾將刈。」《集韻·模韻》:「乎,古作虖。」《廣韻·模韻》:「虖,歎也。」呵爲曉母歌部,「魚」、「歌」通轉,故呵、啚、乎、虖音通可借。帛書《老子》中呵與「兮」通,兮爲匣母支部,「支」、「魚」旁轉,呵、兮音通可借。《說文·兮部》:「兮,語所稽也。从丂,八象气越亏也。」爲語氣留止之義,與「呵」皆用於句中表示語氣的緩和、停頓。《廣韻·仙韻》:「焉,語助也。」「焉」也用於句中表示語氣的停頓,與「啊」、「呵」義同。《莊子·則陽》:「君爲政言勿鹵莽,治民焉勿滅裂。」焉爲影母元部,與虖、乎(匣魚)、呵(曉歌)、兮(匣支)聲母皆爲舌根音,元、歌對轉,元、魚通轉,故焉與虖、乎、呵音義通可互用;魚、支旁轉,故兮與虖、乎音義通可互用。

啚、「乎」、「虖」、「呵」、「焉」以及「兮」字皆爲語辭,義同可通用。

《郭店楚墓竹簡》注釋:「依下文文例,本句『奴』字前脫『其』字。」裘錫圭:「『奴』應讀爲『如』。」如、若通用。

奴爲泥母魚部,如爲日母魚部,皆從「女」得聲,若爲日母鐸部,聲母皆爲舌頭音,魚、鐸對轉,故音通可借。《廣雅·釋言》:「如,若也。」「奴」爲假借字。

　　各，《郭店楚墓竹簡》釋作「各」，註釋：各，簡文與《說文》古文「各」字同。

　　《說文》：「冬，四時盡也。从仌从夂。夂，古文終字。各，古文冬从日。」《字彙補・日部》：「各，古文冬。」在出土的竹簡、帛書中多見，多作「各」義〔註7〕。

　　高明：「『水』、『川』二字古文形近易混，『水』共名，『川』專名，義同。」〔註8〕

　　《說文・川部》：「川，貫穿通流水也。《虞書》曰：『濬く《《，距川。』言深く《《之水會爲川也。」甲骨文象兩岸之間水流動之形。《說文・水部》：「水，準也。北方之行。象眾水並流，中有微陽之气也。」甲骨文象水流動之形。《詩・小雅・沔水》：「沔彼流水，朝宗於海。」川、水義通可通用。從音上看，川爲昌母微部，水爲書母文部，微、文對轉，音通可借。

　　帛書本和漢簡本多一「其」字，復指代詞，代指前面的事或人，其有無於義無妨。

　　恨（楚簡本）──畏（帛書甲乙、漢簡本、王弼本）
　　叟（楚簡本、帛書乙）──鄰（漢簡本、王弼本）
　　楚簡本：猷虖亓奴恨四叟。（甲 8-9）
　　帛書甲：〔猷呵亓若〕畏四〔鄰〕。（120）
　　帛書乙：猷呵亓若畏四叟。（56 下）
　　漢簡本：猷虖其如畏四鄰。（160）
　　王弼本：猶兮若畏四鄰。（12-275）
　　《郭店楚墓竹簡》註：恨，從「心」從「畏」省，簡文多如此，讀作畏〔註9〕。

　　「士」爲什麼要表現出來一幅畏四鄰的樣子呢？這是本章「士德」的顯現，在《論語》等經典記載中，孔子表現的也是這種君子之德，即禮所體現出來的那種謙謙敬懼之象。

〔註7〕　滕壬生：《楚系簡帛文字編》，武漢：湖北教育出版社，2008 年 10 月，第 957 頁。
〔註8〕　高明：《帛書老子校注》，北京：中華書局，1996 年，第 292 頁。
〔註9〕　荊門市博物館：《郭店楚墓竹簡》，北京：文物出版社，1998 年 5 月，第 114 頁。

《集韻・恢韻》:「愄,中善。」畏,其實是人從心裡表現出來的懼怕,故可從心。《說文・由部》:「畏,惡也。从由,虎省。鬼頭而虎爪,可畏也。𢀀,古文省。」《廣韻・未韻》:「畏,畏懼。」《增韻》:「畏,忌也。」心服也,怯也,釋「畏」之字皆從心,「愄」與「畏」義同。《易・震・象》:「雖凶无咎,畏鄰戒也。」《書・呂刑》:「永畏惟罰。」孔傳:「當長畏懼,惟爲天所罰。」表現出來的是一種敬畏戒懼之心,這或許是中善之德的體現。河上公於此兩句注曰:「其進退猶如拘制,若人犯法畏四鄰知之也。」王弼注曰:「四鄰合攻中央之主,猶然不知所趣向者也。上德之人,其端兆不可覩,意趣不可見,亦猶此也。」此與儒家的慎獨思想一致。愄、畏皆爲影母微部,愄爲畏之借。

叟,「吝」之異體,爲「鄰」之假借字。《老子》乙本(對應通行本《老子》第 80 章):「叟國相望」及本句中「四叟」,今本《老子》叟皆作「鄰」。《郭店・六德》第 3 簡和《上博(二)・從政(甲)》第 4 簡也有「四叟」,即「四鄰」。《中山王大鼎》有「叟邦難親,仇人在旁」句,「叟邦」即「鄰邦」〔註 10〕。從它們的用字及文義看,叟即「鄰」。但在楚系文字中,叟也作「吝」,如《郭店・尊德義》第 15 簡:「則民少以叟」,34 簡:「正則民不叟」,叟或爲「吝」之異體字。《說文・口部》:「吝,恨惜也。从口文聲。《易》曰:『以往吝。』𠳏,古文吝从彣。」《集韻》:「吝,或作咯、唔,又鄙吝之吝亦作悋。」咯、叟當皆爲「吝」之異體字。從「粦」之字可借作「吝」。《漢書・王莽傳》:「性實遴嗇。」顏師古注:「遴讀與吝同。」叟(吝)爲來母文部字,粦、鄰皆爲來母眞部字,「文」、「眞」旁轉,故音通可借。

敢(楚簡本)——嚴(帛書乙、漢簡本)——儼(王弼本)

客(楚簡本、漢簡本、帛書乙)——容(王弼本)

楚簡本:敢㝅亓奴客。(甲 9)

帛書甲:〔嚴〕呵其若客。(120)

帛書乙:嚴呵亓若客。(56 下)

漢簡本:嚴虖其如客。(160)

王弼本:儼兮其若容。(12-275)

〔註 10〕容庚編著,張振林、馬國權摹補:《金文編》,北京:中華書局,1985 年 7 月,第 638 頁。

　　敢爲見母談部字，嚴、儼皆爲疑母談部字，聲母皆爲舌面後音，且嚴、儼皆從「敢」得聲，故三字音同可借。「敢」爲「嚴」、「儼」之假借字。

　　《釋名‧釋言語》：「嚴，儼也，儼然人憚之也。」《書‧無逸》：「昔在殷王中宗，嚴恭寅畏天命。」陸德明《經典釋文》：「馬（融）作儼。」《荀子‧儒效》：「嚴嚴兮其能敬己也。」楊倞注：「嚴嚴，有威重之貌……嚴，或作儼。」《漢書‧匡衡傳》：「正躬嚴恪。」

　　《爾雅‧釋詁下》：「儼，敬也。」《玉篇‧人部》：「儼，矜莊貌。」《集韻‧儼韻》：「儼，恭也。」《詩‧陳風‧澤陂》：「有美一人，碩大且儼。」毛傳：「儼，矜莊貌。」《禮記‧曲禮上》：「毋不敬，儼若思。」鄭玄注：「儼，矜莊貌。」

　　「嚴」，音義并同「儼」。是以「嚴」、「儼」可通用。

　　通行本或作「客」，或作「容」，從楚簡本和帛書本等較早的版本來看，當爲「客」。陳柱曰：「作『客』者是也。客、釋爲韻。作『容』者，因上文『強爲之容』而誤耳。」高明云：「『容字係因形近而誤。」〔註11〕

　　覾（楚簡本）──渙（帛書甲乙、漢簡本、王弼本）
　　淩（帛書甲乙）──冰（漢簡本、王弼本）
　　懌（楚簡本）──澤（帛書甲乙、漢簡本）──釋（王弼本）；敦煌文書P2584作「散」。
　　楚簡本：覾啻亓奴懌。（甲9）
　　帛書甲：渙呵其若淩澤。（120）
　　帛書乙：渙呵亓若淩澤。（56下-57上）
　　漢簡本：渙虖其如冰之澤。（160）
　　王弼本：渙兮其若冰之將釋。（12-275）
　　遂州本（《道藏》12-614）、敦煌文書P2584（《中華道藏》09-32）作「冰將汋」。
　　《郭店楚墓竹簡》註釋：「覾從『遠』聲，讀作『渙』。」
　　廖名春：「覾字從『袁』得聲，當爲『遠』字之借。『遠』、『渙』古音同爲元部，一屬匣母，一屬曉母，同爲喉音；『渙』有散義，『遠』有離義。《廣

〔註11〕高明：《帛書老子校注》，北京：中華書局，1996年，第292頁。

韻・願韻》：『遠，離也。』《論語・顏淵》：『舜有天下，選於眾，舉皋陶，不仁者遠矣。湯有天下，選於眾，舉伊尹，不仁者遠矣。』皇侃《疏》引蔡謨曰：『何謂不仁者遠？遠，去也。』是兩字義也相近。音義皆近，故可通用。故書當作『遠』，後人以音義相近之『澳』字取代，更晚者又用同義詞『散』代『澳』。」〔註12〕

以上兩種解釋卻忽略了觀之右邊「見」字的存在。

《說文》：「澳，流散也。从水奐聲。」《周易正義》：「澳者，散釋之名。大德之人，建功立業。散難釋險，故謂之澳。」河上公此章題爲「顯德」，正與此義同。《文子・上仁》解曰：「澳兮其若冰之液者，不敢積藏也。」說的就是士之德的一種表現。《莊子・庚桑楚》：「老子曰：衛生之經，能抱一乎？……南榮曰：然則是至人之德已乎？曰：非也。是乃所謂冰解凍釋者，能乎？」用冰解凍釋這一自然現象來解釋表顯士之德。用自然現象來顯道與德及文字難以說清的其它哲學問題，是老子的一貫手法，也是先秦時代諸子慣用寓言的特點和原因，都是爲了把問題闡釋明白。這也就是「釋」前要用「冰」或「凌」的原因。楚簡本僅用一「懌」字，義雖可明，然頗有不符合語言表達的常規，「澳釋」沒有下文「混濁」、「淳樸」那樣表達意義的直接通曉，用「澳然冰釋」這類表述更通俗易懂。況且有他本及《莊子》、《文子》的證明。「澳然冰釋」與「澳然若釋」都能正確表達文義，實不能妄下衍或脫的結論。

觀，疑作「還」。《說文》：「還，復也。从辵睘聲。」睘，从目袁聲，俗作「睘」。這樣就解決了觀字中「見」無著落的問題。「還」，有「復、返」之義，水結爲冰，冰是假象，水才是本體，「冰復還爲水」（以喻復返道德淳樸之源，表示士之德的回歸），正是對這一現象的見證和描述。觀，從見袁聲，讀作「還」。「還」與「澳」皆爲匣母元部字，音義皆通。

凌，借爲「凌」，皆從水夌聲，音同義近。《廣韻》：「凌，冰凌。」《風俗通》：「積冰曰凌。」《詩・豳風・七月》：「三之日納于凌陰。」《周禮・天官・凌人》：「三其凌。」鄭玄注：「三倍其冰。」《漢書・高帝紀》：「未央宮凌室。」顏師古注曰：「凌室，藏冰之室。」《說文・仌部》：「冰，水堅也。从仌从水。凝，俗冰从疑。」凝爲疑母蒸部，冰爲幫母蒸部，凌爲來母蒸部，從複輔音的角度看，可組成〔pl〕，故或音通可借。「凌」、「冰」音義通可互用。

〔註12〕 廖名春：《郭店楚簡老子校釋》，北京：清華大學出版社，2003年6月，第92頁。

　　《郭店楚墓竹簡》註釋：「懌，讀作『釋』。簡文於『懌』前脫『凌』字。」
〔註13〕

　　《說文・心部》：「懌，說也。从心睪聲。經典通用『釋』。」則「懌」與
「釋」通用。《字彙補・采部》：「釋，悅也。」《莊子・齊物論》：「南面而不
釋然。」成玄英疏：「釋然，怡悅貌也。」
　　《說文・水部》：「澤，光潤也。从水睪聲。」《集韻・昔韻》：「釋，《說
文》：『解也。从采；采，取其分別物也。』或作澤。」段玉裁《說文解字注・
水部》：「澤，又借爲釋字。」《詩・周頌・載芟》：「載芟載柞，其耕澤澤。」
鄭玄箋：「耕之則澤澤然解散。」陸德明《經典釋文》：「澤澤，音釋釋，注同。」
孔穎達疏：「釋釋然土皆解散也。」
　　《說文》：「釋，解也。从采；采，取其分別物也。从睪聲。」有消散之
義，《漢書・景十三王傳》：「骨肉冰釋。」顏師古注：「冰釋，言消散也。」《淮
南子・俶眞》：「北方有不釋之冰。」
　　懌爲餘母鐸部字，澤爲船母鐸部字，釋爲書母鐸部字，喻四歸定，古無
舌上音，故聲母皆爲舌頭音，且皆从睪聲，故音通可借。
　　「釋」爲本字，「懌」、「澤」爲「釋」之借。
　　漢簡本「冰」字後多一「之」字，作「冰之澤」，王弼本作「冰之將釋」，
義無區別。

屯（楚簡本）──沌（帛書乙）──杶（漢簡本）──敦（王弼本）
叢（楚簡本）──楃（帛書甲）──樸（帛書乙、漢簡本、王弼本）
楚簡本：屯虖丌奴叢。（甲9）
帛書甲：〔沌〕呵其若楃。（120）
帛書乙：沌呵亓若樸。（57上）
漢簡本：杶虖其如樸。（160）
王弼本：敦兮其若樸。（12-275）
　　屯、沌爲定母文部字，敦爲端母眞部字，杶爲透母文部，聲母皆爲舌頭
音，文、眞旁轉，「沌」、「杶」從「屯」得聲，四字古音通可借。《玉篇・水

〔註13〕荊門市博物館：《郭店楚墓竹簡》，北京：文物出版社，1998年5月，第114
　　　　頁。

部》:「沌，混沌也。」《集韻・混韻》:「沌，混沌，元氣未判。」引申爲無知義。《莊子・在宥》:「渾渾沌沌，終身不離。」郭象注:「混沌無知而任其自復，乃能終身不離其本也。」混沌無知則質樸，故「沌」與「敦」義通，敦爲質樸之義，《孟子・萬章下》:「故聞柳下惠之風者，鄙夫寬，薄夫敦。」《說文・木部》:「杶，木也。从木屯聲。《夏書》曰:『杶榦栝柏。』櫄，或从熏。杻，古文杶。」今多用「敦」，屯、沌、杶乃「敦」之假借字。就詞的搭配來看，敦、淳、純都可與「樸」構成詞：敦樸，淳樸，純樸等。傅奕本、河上公本作「敦」，故從之。河上公注曰:「『敦』者質厚，『樸』者形未分，內守精神，外無文采也。」

當然，淳也有質樸、敦厚之義，《廣韻・諄韻》:「淳，樸也。」《集韻・諄韻》:「淳，質也。」《淮南子・齊俗》:「澆天下之滔（淳），析天下之樸。」高誘注:「淳，厚也。」純也有不含雜質、單一、質樸無雕飾之義，《易・乾》:「剛健正中，純粹精也。」孔穎達疏:「純粹不雜事精靈。」《國語・周語上》:「帥舊德，而守終純固。」韋昭注:「純，專也。」《字彙・糸部》:「純，篤也。」《左傳・隱公元年》:「潁考叔，純孝也。」孔穎達疏:「言孝之篤厚也。」《淮南子・要略》:「不剖判淳樸，靡散大宗。」高誘注:「淳樸，太素也。」淳、純皆爲禪母文部，與屯、沌、敦、杶的聲母皆爲舌頭音，故音通可借，淳、純與文義及「樸」的搭配更合適。

𣖯，爲上下結構，樸，爲左右結構。𣖯、樸爲一字異體。《字彙》:「樸，同樸。」《說文・木部》:「樸，木素也。从木菐聲。」又「楃，木帳也。从木屋聲。」楃爲影母屋部，樸爲滂母屋部，喉牙音聲母字跟唇音聲母字相通，上文明母與曉母的互諧即其證。帛書甲本多寫作「楃」。「楃」乃「樸」之假借字。

坉（楚簡本）——㳥（帛書甲乙）——沌（漢簡本）——混（王弼本）
楚簡本:坉嗇亓奴濁。（甲9）
帛書甲:㳥〔呵其若濁〕。（120）
帛書乙:㳥呵亓若濁。（57上）
漢簡本:沌虖其如濁。（160-161）
王弼本:混兮其若濁。（12-275）

　　魏啟鵬：「《廣韻·混韻》：『坉』同『沌』，重言爲沌沌，《廣雅·釋訓》：『沌沌，轉也。』王念孫《疏證》：『凡狀水之轉亦曰混混沌沌。』」〔註14〕

　　坉、沌皆爲定母文部字，湷從「春」得聲，春爲昌母文部字，混爲匣母文部字。坉、湷、沌上古皆爲舌頭音，能與喉音匣母相諧。故四字音通可借。章組和見組互諧在前文也提到過，有例證，不僅文獻、諧聲字中可證明，方音中的潮州話和湖南老湘語的中的方言也有讀章組爲見組的，上古章組歸定組，我們從中古音喻母的三、四等分屬匣母和定母，也可以知道，牙喉音和舌頭音的關係在上古很密切，也錯綜複雜。

　　湷，帛書《老子》第二十章甲本作「惷惷呵」，乙本作「湷湷呵」，王弼本相應處作「沌沌兮」。「湷」與「惷」皆爲春聲，而「沌」亦音 chun。「湷」從水，「惷」《說文》釋爲「亂也」。故二字與「沌」字音義通，可通用。而「沌」在古文中經常與「混」或「渾」連用，或言水之混濁貌，或言人之渾沌無知無識之狀，或言太極之初、元氣未判之時的宇宙原始狀況。渾沌或混沌爲疊韻詞，兩字義同，故「混」或「渾」爲本字，且混與此句最後的「濁」相搭配也是當時用字習慣，《玉篇·水部》：「混，混濁。」《史記·屈原賈生列傳》：「舉世混濁而我獨清，眾人皆醉而我獨醒，是以見放。」「坉」、「沌」、「湷」、「胨」爲借字。這種情形反映了不同時代的用字習慣，或音借，或義同替代，也反應了當時用字的不規範性，雖然後來秦朝統一了六國文字，但方音無法統一，大量而寬泛的音借現象在傳承文獻和出土文獻中可以說居於用字的主導地位。

　　浹（帛書乙）——廣（漢簡本）——曠（王弼本）

　　帛書甲：〔曠呵其〕若浴。（120-121）

　　帛書乙：浹呵亓若浴。（57 上）

　　漢簡本：廣虖其如浴。（161）

　　王弼本：曠兮其若谷。（12-275）

　　河上公注：「『曠』者寬大，『谷』者空虛，不有德功名，無所不包也。『渾』者守舉眞，『濁』者不照然也，舉眾合同不自尊。」

　　浹，從水從莊，莊亦聲。《爾雅·釋宮》：「五達謂之康，六達謂之莊。」浹有通達寬廣之義，與「曠」義同。《正字通·日部》：「曠，闊也。」《書·皋

〔註14〕魏啟鵬：《楚簡〈老子〉柬釋》，臺北：萬卷樓圖書有限公司，1999 年，第 10 頁。

陶謨》:「無曠庶官。」孔傳:「曠，空也。」《詩·小雅·何草不黃》:「匪兕非虎，率彼曠野。」毛傳:「曠，空也。」《漢書·賈山傳》:「曠日十年。」顏師古注:「曠，空也，廢也。」《說文》:「谷，泉出通川爲谷。」澃也從水，或爲「水谷寬廣通達」之義。澃、「曠」義同，可通用。《說文·广部》:「廣，殿之大屋也。從广黃聲。」《字彙·广部》:「廣，開泰貌。」《荀子·王霸》:「人主胡不廣焉，無卹親疏。」楊倞注:「廣焉，開泰貌。或曰讀爲曠。」

莊爲莊母陽部字，曠爲溪母陽部字，廣爲見母陽部，上古喉牙音能與齒音相通，故可借。如帛書《五行》:「井（形）善於外，有德者之□。」井爲精母耕部，形爲匣母耕部；帛書《老子》乙本:「聞道者日云（損）。」云爲匣母文部，損爲心母文部；帛書《經·順道》:「智濕共（恭）僉（儉）卑約生柔。」僉爲清母談部，儉爲群母談部；帛書《老子》甲本:「魚不脫於潚（淵）。」潚爲心母藥部，淵爲影母眞部。莊組即照系二等，照二歸精，故從理論上莊組字亦能與見組互諧。

澃、廣爲「曠」之借字。

竺（楚簡本）──孰（漢簡本、王弼本）

束（楚簡本）──情（帛書甲）──靜（帛書乙、漢簡本、王弼本）

者（楚簡本）──之（帛書甲乙、漢簡本、王弼本）

舍（楚簡本）──余（帛書甲）──徐（帛書乙、漢簡本、王弼本）

楚簡本：竺能濁以束者，牾舍清。（甲 9-10）

帛書甲：濁而情之余清。（121）

帛書乙：濁而靜之徐清。（57 上）

漢簡本（161）、王弼本（12-275）：孰能濁以靜之徐清。

《郭店楚墓竹簡》釋文「竺」讀爲「孰」。〔註 15〕

竺爲章母屋部字，孰爲禪母屋部字，聲母皆爲舌面前音（上古舌頭音），故音同可借。《爾雅·釋詁下》:「孰，誰也。」段玉裁《說文解字注·孔部》:「孰，與『誰』雙聲，故一曰誰也。」《楚辭·天問》:「圜則九重，孰營度之。」《莊子·天運》:「孰主張是，孰維綱是。」《論語·公冶長》:「女與回也孰愈？」《說文·二部》:「竺，厚也。從二竹聲。」「竺」爲「孰」之假借字。

〔註 15〕 荊門市博物館:《郭店楚墓竹簡》，北京:文物出版社，1998 年 5 月，第 111頁。

束爲清母支部字，情、靜爲從母耕部字，聲母皆爲舌尖前音，「支」、「耕」對轉，故音通可借，《說文·束部》：「束，木芒也。象形。」又《心部》：「情，人之陰气有欲者。从心青聲。」《廣韻·靜韻》：「靜，安也。」《玉篇·青部》：「靜，息也。」故「束」、「情」乃「靜」之假借字。

「者」當從前面「竺（孰）」之語氣順勢而來，古文有「孰……者」句式，又「者」爲章母魚部字，「之」爲章母之部，「之」、「魚」旁轉，故音通可借。「靜之」爲「使之靜」之義，故「者」爲「之」之假借字。楚簡本有「孰能」二字，漢簡本和傳世本承之，故當從之。

《郭店楚墓竹簡》釋文「牁」讀爲「將」。〔註16〕

《說文·寸部》：「將，帥也。从寸，醬省聲。」又《酉部》：「醬，醢也，从肉酉，酒以和醬也。……牁，古文醬如此。」如此，「牁」爲「醬」之古文；「將」爲「醬」之形省。楚簡「將」常寫作「牁」。將、醬皆爲精母陽部字，音通可借，牁爲將之借。傅奕、范應元本作「而徐清」，廣明本作「以徐清」，裴學海《古書虛字集釋》卷八：「將，猶而也。」《孟子·滕文公上》：「使民盼盼然，將終歲勤動，不得以養其父母。」將、而、以、乃等字都有連接過渡的語義，故可替代。故本段可定爲：「孰能濁以靜之而徐清？孰能安以動之而徐生？」

《郭店楚墓竹簡》注釋：「余」、「徐」音近通假。《漢簡》「余」作「舍」，與簡文形近，即以「舍」同「余」。〔註17〕

余爲餘母魚部字，舍爲書母魚部字，徐爲邪母魚部字，喻四歸定，照三歸定，「邪紐古歸定紐」（錢玄同《古無邪紐證》：「邪紐古歸定紐」，見北京師範大學《國學叢刊》第一卷第三期，1932），三字上古聲母皆爲舌頭音，故能音通可借。

甲骨文「余」字象樹木支撐房屋之形，與「舍」字形義同，《中山王鼎》「余」下從「口」，即「舍」形。《說文·人部》：「舍，市居曰舍。从人屮，象屋也。口象築也。」《說文·八部》：「余，語之舒也。从八，舍省聲。」又《說文·彳部》：「徐，安行也。从彳余聲。」《廣韻·魚韻》：「徐，緩也。」舍、余乃「徐」之假借字。

〔註16〕荊門市博物館：《郭店楚墓竹簡》，北京：文物出版社，1998 年 5 月，第 111 頁。
〔註17〕荊門市博物館：《郭店楚墓竹簡》，北京：文物出版社，1998 年 5 月，第 114 頁。

厇（楚簡本）──女（帛書甲乙）──安（漢簡本、王弼本）

迬（楚簡本）──重（帛書甲乙）──動（漢簡本、王弼本）

楚簡本：竺能厇以迬者，𥁕舍生。（甲 10）

帛書甲：女以重之余生。（121）

帛書乙：女以重之徐生。（57 上）

漢簡本：孰能安以動之徐生。（161）

王弼本：孰能安以久動之徐生。（12-275）

《郭店楚墓竹簡》注釋：「厇，疑爲『安』字誤寫。」裘按：「『迬』，帛書本作『重』，今本作『動』。『主』與『重』上古音聲母相近，韻部陰陽對轉。」〔註18〕

崔仁義認爲「厇」字形當爲從厂從人，「從厂與從宀義近，從人與從女義同。故亦可作爲安的同義詞對待。」〔註19〕

厇，從广從匕，匕象人形。《說文·广部》：「广，因广爲屋，象對刺高屋之形。」又《宀部》：「宀，交覆深屋也。象形。」《厂部》：「厂，山石之厓巖，人可居。象形。」厂、广、宀皆形同義近，可通用。《集韻》：「女，古作厬。」厬，與「厇」形近，疑帛書甲乙本此處「女」字，即楚簡本此處「厇」字，即「女」之古文「厬」字，這是建立在女爲古文字厬的前提下。另外，「厬」字從厂從女，也可能爲「安」字之另一形體。厬，或爲「女」之古文字，或爲「安」之形（「安」字古文形或從厂）。無論是帛書本此處的「女」，還是楚簡本此處的「厇」和通行本此處的「安」，都可以從「厬」找到其文字的來源。由此可知，「厇」並不是如竹簡小組所說的那樣爲「安」字誤寫。厇、女、安當爲異體字。

《說文·宀部》：「安，靜也。从女在宀下。」《易·繫辭下》：「君子安其身而後動。」「厇」也可解釋爲「人在屋下得到庇護」之義，與「安」、「厬」義同。

《說文·力部》：「動，作也。从力重聲。蓮，古文動从辵。」《字彙》：「迬，古文往字。」《正字通》：「迬，本作徍。」《說文》：「往，之也。从彳坒聲。迬，古文从辵。」古文「動」與迬，皆從辵，故迬、動義可通。迬爲章母侯

〔註18〕 荊門市博物館：《郭店楚墓竹簡》，北京：文物出版社，1998 年 5 月，第 114 頁。

〔註19〕 崔仁義：《荊門郭店楚簡〈老子〉研究》，北京：科技出版社，1998 年 10 月，第 65 頁。

部字，重爲船母東部字，動爲定母東部字，聲母皆爲舌頭音（照三歸定），「東」、「侯」對轉，故迬、重、動音通可借。

「重」與「動」通。朱駿聲《說文通訓定聲‧豐部》：「重，叚借爲動。」《左傳‧僖公十五年》：「且晉人憂以重我，天地以要我。」王引之《經義述聞》：「重，疑當作動，謂晉大夫反首拔舍以感動我也。」《管子‧侈靡》：「候人不可重也。」郭沫若等《集校》：「沫若案：『重』亦『動』字，古金文以『童』或『重』爲『動』。『候人不可重』者，言斥候之人不可擅離其崗位。」

迬、重乃「動」之假借字。

楚簡本、漢簡本和王弼本此兩句前皆有「孰能」二字，帛書本無。一爲反問句，一爲陳述句，所表達之義相同。

衍（楚簡本）──道（帛書甲乙、漢簡本、王弼本）
呈（楚簡本）──盈（帛書甲乙、漢簡本、王弼本）
保（楚簡本、王弼本）──葆（帛書甲乙）──抱（漢簡本）
楚簡本：保此衍者，不谷尚呈。（甲 10）
帛書甲：葆此道不欲盈。（121）
帛書乙：葆此道〔者不〕欲盈。（57 上-57 下）
漢簡本：抱此道者不欲盈。（161-162）
王弼本：保此道者不欲盈。（12-275）

《說文‧辵部》：「道，所行道也。从辵从𩠐。一達謂之道。𧗵，古文道从𩠐寸。」衕、遃，亦古文「道」。宋郭忠恕《汗簡》引《古尚書》「道」字爲「行」中從「人」或從「首」〔註20〕。夏竦《古文四聲韻》引《古老子》《古尚書》皆有「道」字古體，亦爲「行」中從「人」或從「首」，引《華嶽碑》「道」字古文爲「行」中從「人」，引《碧落文》「道」字爲「行」中從「首」〔註21〕。楚系文字「道」、「衍」通用。〔註22〕

〔註20〕《汗簡　古文四聲韻》，李零、劉新光整理，北京：中華書局，2010 年第 2 版，第 7 頁下 a。
〔註21〕《汗簡　古文四聲韻》，李零、劉新光整理，北京：中華書局，2010 年第 2 版，第 104 頁下 a。
〔註22〕例很多，見滕壬生：《楚系簡帛文字編》，武漢：湖北教育出版社，2008 年 10 月，第 166～169 頁。

「行」與「辶」、「辵」義相同，皆爲「走」義。「首」也爲「人」身體一部份，是以部份代替整體。故衍、「道」同，爲一字之異體。

「堂呈」，《郭店楚墓竹簡》釋文讀作「尙盈」。

堂，從立，尙聲。帛書和通行本無此字。爲「崇尙」、「看重」之義。

呈爲船母耕部字，盈爲餘母耕部字，上古聲母皆爲舌頭音，故音同可借。「呈」爲「盈」之假借字。

保、葆爲幫母幽部，抱爲並母幽部，聲母皆爲唇音，故音同可借。朱駿聲《說文通訓定聲・孚部》：「葆，叚借爲保。」《說文・人部》：「保，養也。從人，從呆省。呆，古文孚。呆，古文保。保，古文保不省。」《莊子・庚桑楚》：「全汝形，抱汝生，無使汝思慮營營。」俞樾《評議》：「《釋名・釋姿容》曰：『抱，保也，相親保也。』是抱與保義通。抱汝生即保汝生。」葆、抱乃保之借。

它本皆有「者」字，帛書甲本無，作「葆此道不欲盈」。「者」在這裡爲語氣詞，表停頓，語氣流暢，當從之。

　　夒（帛書乙）──敝（漢簡本）──蔽（王弼本）
帛書甲：夫唯不欲〔盈，是〕以能〔敝而不〕成。（121-122）
帛書乙：是以能夒而不成。（57下）
漢簡本：夫唯不盈，是以能敝不成。（162）
王弼本：夫唯不盈，故能蔽不新成。（12-275）

它本有作「敝」或「弊」，《說文・㡀部》：「敝，帗也。一曰敗衣。從攴從㡀，㡀亦聲。」徐灝注箋：「因其敗而攴治之也。」李孝定《甲骨文字集釋》按語：「㡀象敗巾之形……契文正從攴、從㡀。會意。」「弊」、「蔽」、夒皆爲㡀聲，可通用。「蔽」爲「敝」之假借。俞樾於此處《平議》曰：「蔽乃『敝』之叚字。唐景龍碑作『弊』，亦『敝』之叚字。《永樂大典》正作『敝』。」

《說文・艸部》：「蔽，蔽蔽，小艸也。從艸敝聲。」象小草一樣，不要使之長大成材。《爾雅・釋詁》疏：「蔽者，覆障使微也。」掩蔽起來，不使之過於盈滿，「謙受益，滿招損。」與前面文義銜接一致，故當從王弼本作「蔽」。

　　帛書甲本多一「欲」，乙本多一「而」字，脫「夫唯不欲盈」一句，王弼本多一「新」字。根據各本前一句，當有「欲」字爲佳，有「而」語氣顯得連貫通暢。「新」字似後人加上去的，當從古本。

　　本章整理：古之善爲道者，必微妙玄達，深不可識。夫唯不可識，故强爲之容曰：豫兮其若冬涉水，猶兮其若畏四鄰，嚴兮其若客，渙兮其若凌釋，敦兮其若樸，混兮其若濁，曠兮其若谷。孰能濁以靜之而徐清？孰能安以動之而徐生？保此道者不欲盈。夫唯不欲盈，是以能敝而不成。

第十六章 歸 根

至（楚簡本、帛書甲乙、漢簡本）——致（王弼本）

丞（楚簡本）——極（帛書甲乙、漢簡本、王弼本）

楚簡本：至虛，丞也。（甲24）

帛書甲乙：至虛，極也。（122，57下）

漢簡本：至虛，極。（163）

王弼本：致虛，極。（12-275）

「至」本來有「極」義。《玉篇・至部》：「至，極也。」《易・繫辭上》：「易其至矣乎。」《莊子・逍遙遊》：「故曰：至人無己。」此兩處「至」皆可訓爲「至極」。《易・復・象》：「先王以至日閉關，商旅不行，后不省方。」《正字通》：「夏至曰日長至，是日晝漏刻五十九，夜四十一，先此漏刻尙五十八。日之長于是而極，故曰日長至，『至』取『極至』之義。《呂覽・十二紀》：『仲夏月，日長至是也。』冬至亦曰日長至，是日晝漏刻四十一，夜五十九，過此晝漏即四十二刻。日之長，於是而始，故亦曰日長至。『至』取『來至』之義。《禮・郊特牲》曰：『郊之祭，迎長日之至是也。』然《呂覽》於仲冬則又曰日短至。黃震曰：『世俗多誤冬至爲長至，不知乃短至也。』據此說，短至宜爲冬至，亦謂之日長至者，陽之始長也，扶陽抑陰之義也。」又《玉篇・至部》：「至，達也。」「到也。」《莊子・人世間》：「所存乎己者未定，何暇至於暴人之所行？」王先謙《莊子集解》：「至，猶遠及也。」《禮記・樂記》：「樂至則無怨，禮至則無爭。」鄭玄注：「至，謂達也，行也。」《墨子・非儒下》：「孔丘所行，心術所至也。」

《說文·攵部》:「致,送詣也。从攵从至。」王均《句讀》:「亦至聲。」
《墨子·明鬼下》:「故於此乎天乃使湯至明罰焉。」畢沅校注:「至,同致。」
《玉篇·攵部》:「致,至也。」《荀子·性惡》:「故聖人者,人之所積而致也。」
致有「達到」之義,也是本章此句之義:到達虛的極點、極致。

　　《郭店楚墓竹簡》釋文作「亙」,讀爲「恆」。註釋:亙,各本均作「極」,
簡文「恆」作死(即《說文》:「恆」字古文),與「亟」字形易混。恆,常也。
〔註1〕

　　此說的提出,幾乎沒有反對的意見。

　　《說文》:「恆,常也。从心从舟,在二之閒上下。心以舟施,恆也。死,
古文恆从月。《詩》曰:『如月之恒。』」篆作悟。

　　李零:戰國秦漢文字,「恒」、「極」相近,常被混淆,如馬王堆帛書《繫
辭》中的「太恒」,今本作「太極」,就是類似的例子。這種混用孰爲本字,
似有兩種可能,一種是字本作「恒」,後改爲「極」;一種是字本作「極」,用
「恒」代替。此類現象值得重視。它不僅有別於同音換讀的通假字和同義換
用的互訓字,也有別於通常所說的異體字和偶然發生的字形訛誤,是屬於當
時認可的混用。簡文抄寫,此類情況很多,但這種情況並非早期獨有,而是
各個時期都存在。如唐人每每把「段」字寫成「叚」字,就是類似的例子。
它的認可是由書寫習慣來決定,因此也隨書寫習慣而改變。〔註2〕

　　廖名春:「死」誤爲「亟」,有形訛和音訛兩說,兩字聲母尚有一定距離,
音訛的可能不大。而「亟」之初文「從人而上下有二橫畫,上極於頂,下極
於踵。」與「死」極近,因此,形訛的可能性當更大。如楚簡《老子》乙本
第二簡「不克則莫至其死」,「死」字王弼本等作「極」。從上下文義看,「死」
當爲「亟」之誤。這說明,戰國秦漢時,「死」、「亟」因形近常混,可能如李
零說已成爲習慣。〔註3〕

　　亟的古文「亟」,與恆的古文「死」,形確實極相近。但也有可能是楚簡
之誤,李零和廖名春兩位教授所舉的帛書例子皆爲楚簡之誤,其本字應爲

〔註1〕　荊門市博物館:《郭店楚墓竹簡》,北京:文物出版社,1998年5月,第112、
　　　　116頁。
〔註2〕　李零:《郭店楚簡校讀記》,《道家文化研究》17輯,第466頁。
〔註3〕　廖名春:《郭店楚簡老子校釋》,北京:清華大學出版社,2003年6月,第246
　　　　頁。

「極」。楚簡《老子》中還有「恆」的例子：「衍亙無為也」，「道亙無名，僕」，「人之敗也，亙於丌虔成也敗之。」其本字為「恆」。可見，無論本字是「極」還是「恆」，楚簡本都寫作「亙」。因為此章本句中無論隸作「亙（恆）」還是隸作「亟（極）」，從意義上來看都說得通，所以才有兩種意見的出現。另外，從是否協韻來看，「極」與後面的「虛」、「篤」比「恆」協韻。極為群母職部，虛為溪母魚部，恒為匣母蒸部，篤為端母覺部；職、覺旁轉，極、篤諧韻；而且極、恒聲母皆為喉牙音，職、蒸對轉，故音通可借，依上下文定何字為本和借，此文中，亙為借字，極為本字。因而，從審慎的原則出發，在沒有更多有力證據的情況下，還是保存原貌為好。

　　獸（楚簡本）──守（帛書甲乙、王弼本）──積（漢簡本）
　　中（楚簡本）──情（帛書甲）──靜（帛書乙、王弼本）──正（漢簡本）
　　箮（楚簡本）──表（帛書甲）──督（帛書乙）──篤（王弼本）
楚簡本：獸中，箮也。（甲 24）
帛書甲：守情，表也。（122）
帛書乙：守靜，督也。（57 下）
漢簡本：積正，督。（163）
王弼本：守靜，篤。（12-275）

　　積為精母錫部，獸、守為書母幽部，按照黃侃的「照三歸端」、錢大昕的古無舌上音說，書母在上古歸為端組舌頭音，從錢玄同的「邪紐古歸定紐」，以及心母與上古端組的複雜關係，舌頭音與齒頭音互諧。我們從下一字的正、靜的互諧也能看出這一點，或許是因為漢簡本時代語音正處於一個演變的關鍵時期。正為章母耕部，靜為從母耕部。從精母（積）到書母（守）、又從章母（正）到從母（靜），或看到尖團音混雜的局面。另外，從方音的角度看，「走」為精母，山東臨沂方言讀為端母。
　　幽、錫旁對轉，故獸、守與積音通可借。

　　眾學者皆以為此處「中」借為「沖」或「和」，沖釋為「虛」，則與前一句「致虛極」重復；「和」與「靜」雖有意義上的聯繫，則沒有「守和」見之於他本。「沖」與「盈」常連在一起使用，如《老子》第第四十五章：「大盈

若沖，其用不窮。」第四章：「道沖而用之有弗盈也。」「沖」又與「和」連在一起使用，如第四十二章：「萬物負陰而抱陽，沖氣以爲和。」「沖」在這些地方用的都是本義，即《說文》所說的「涌搖也。从水中。讀若動。」而「守中」是道家的一個專有詞匯，《老子》第五章有「多言數窮，不如守中」，其意義與楚簡本此處的「獸中，篙也」是一個意思。「中」在這裡也是用的是其本義，即《說文》所說的：「中，內也。从口。丨，上下通。𠁩，古文中。𠁧，籀文中。」在道家修煉意義上來看，此「中」或是人體內之「中宮」，或是丹田處，或是人身體內的中脈、中竅。疑「中」的初文即是這種意義形象的表達（字形見高明等《古文字類編》第724頁）。這種「守中」的方法，即莊子所說的「心齋」、「坐忘」和佛家所說的「禪定」，這些方法無非是要人們保持一種中正平和的心態，只有這種方法才能達到「致虛極，守靜篤」的效果和境地，即《黃帝內經・素問・上古天眞論》所說的「恬淡虛無，眞氣從之；精神內守，病安從來！」在此，鄭中良教授依版本的不同，對其中的字句作了發揮：「竊謂此當從乙本作『督』，《六書故》曰：『人身督脈當身之中，衣縫當背之中，亦謂之督。』字通作裻，《國語・晉語一》曰：『衣偏裻之衣。』韋《解》曰：『裻在中，左右異，故曰偏。』老子蓋謂守靜而不倚左右，乃最適中之道也。與《莊子・養生主》『緣督以爲經』之『督』同義，即至正、至中也。此謂致虛、守靜，乃得道者至高、至中之境地也。帛書甲本作『表』，蓋與『督』形近而僞也。」佛家有四禪八定之說，即是境界有從底到高的不同，致虛、守靜只是方法而已，只有達到極致、純一的境界才能說是至高之境地。借字之「督」是否能作爲經脈之「督」，在此存疑。但鄭良樹教授這種發揮也不失爲一家之言。另外，早期的注家也都強調這種內守的作用，河上公注：「五內清淨，至於虛極。守清靜，性篤厚。」王弼注：「言至虛之極也，守靜之眞也。」嚴遵《指歸》曰：「守虛爲常，則神明極而自然窮矣。守神不擾，生氣不勞，趣舍屈伸，正得中道。」嚴遵所謂的「守靜」，就是身內之神安靜不被打擾，眞氣從而生成。說的都是從內守功夫著手。

「中」與「靜」是在意義表達相近之上的不同用字。「情」、「靜」與傅奕本用的「靖」，都是從「青」得聲，故可通用，靜爲本字。這種通用的情況，古字書中多有說明和舉例。

中與正義通，《晏子春秋・內篇問上十六》：「衣冠不中，不敢以入朝。」張純一注：「中，正也。」《周禮・地官・大司徒》：「以五禮防萬民之僞，而

教之中。」賈公顏疏：「使得中正也。」中爲端母多部，正爲章母耕部，情、靜爲從母耕部，聲母如上文所說，爲舌頭音和齒頭音互諧，多、耕旁轉，故四字音通可借，中、正、情爲靜之借。

《說文・箁部》：「箁，厚也。从箁竹聲。讀若篤。」段玉裁注曰：「箁，篤亦古今字。」

高明：「督」、「篤」二字亦音同，皆可互假，當從今本作「守靜篤」。但是甲本「表」字與「篤」古音非類，顯爲誤字。帛書整理組認爲「『表』或是『裻』字之誤」。按「裻」字或從衣毒聲，寫作「褥」，「褥」、「篤」二字同音，其說可信。〔註4〕

裻，《康熙字典》或作褥，亦作褥、襩。篤，即是《禮記・儒行》中所說的「篤行而不倦。」篤行，猶純壹之行、專一之行也。裻、督、篤皆爲端母覺部字，音通可借，裻、督乃篤之借。

方（楚簡本）──旁（帛書甲乙）──竝（漢簡本）──並（王弼本）
复（楚簡本）──作（帛書甲乙、漢簡本、王弼本）
居（楚簡本）──吾（帛書甲乙、漢簡本、王弼本）
募（楚簡本）──觀（帛書甲乙、漢簡本、王弼本）

楚簡本：萬勿方复，居以募復也。（甲24）

帛書甲：萬物旁作，吾以觀其復也。（122）

帛書乙：萬物旁作，吾以觀亓復也。（57下）

漢簡本：萬物竝作，吾以觀其復。（163）

王弼本：萬物並作，吾以觀復。（12-275）

《說文》：「方，併船也。」徐灝《說文解字注箋・方部》：「引申之，爲凡相併之稱。」可見「方」之「併」義爲引申。帛書甲乙本用的是「旁」之本義，《說文・上部》「旁」古文作「旀」，「旀，溥也。」萬物一起生長起來，表達的是磅礴之勢，其本義應爲「旁」。《廣雅・釋詁一》：「旁，廣也。」旁有普、遍之義，與「並」義通。《說文・竝部》：「竝，併也。从二立。」邵英《群經正字》：「今經典作並，隸變。見漢夏丞、曹全等碑。」《集韻・迥韻》：「竝，隸作並。」並，有比肩之義，「皆」、「同時」、「一起」爲引申義。《書・

〔註4〕高明：《帛書老子校注》，北京：中華書局，1996年，第299頁。

費誓》：「徂茲淮夷、徐戎並興。」《墨子‧辭過》：「是以其民饑寒並至。」《詩‧小雅‧賓之初筵》：「既醉而出，並受其福。」

「旁」與「方」通。《莊子‧人世間》：「其可以爲舟者旁十數。」俞樾《評議》：「旁讀爲方，古字通用……《詩‧正月篇》：『民今方殆。』鄭箋云：『方，且也。』」

旁、並爲並母陽部字，方爲幫母陽部字，聲母皆爲唇音，音義皆通，故可通用。

《郭店楚墓竹簡》釋文复讀爲「作」。〔註5〕
第二章「萬勿俆而弗怠也。」「作」寫爲俆，多一「彳」旁。

《郭店楚墓竹簡》註釋：居，各本作「吾」。須，待也，各本作「觀」。〔註6〕
居爲見母魚部字，吾爲疑母魚部字，聲母皆爲舌面後音，故音通可借。「居」乃「吾」之假借字。

楚系文字中，募多作「寡」。楚簡本對應於帛書本第 19 章「少私募欲」之募，隸作「寡」，與此處募形同〔註7〕。故此處以當隸爲「寡」。「寡」與「顧」通。朱駿聲《說文通訓定聲‧豫部》：「寡，叚借爲顧。」《墨子‧明鬼》：「惡來崇侯虎指寡殺人。」高亨《新箋》：「寡借爲顧。『指顧殺人』，謂手指目顧以殺人也。顧、寡古通用。」《禮記‧緇衣》：「故君子寡言而行。」鄭玄注：「寡當爲顧，聲之誤也。」

寡、顧皆爲見母魚部字，觀爲見母元部字，「魚」、「元」通轉，故寡、顧、觀音通可借。「顧」與「觀」義亦通，皆有「看」義。《玉篇‧頁部》：「顧，瞻也。」《集韻‧姥韻》：「顧，視也。」《呂氏春秋‧慎勢》：「積兔滿市，行者不顧。」高誘注：「顧，視。」《說文‧見部》：「觀，諦視也。从見雚聲。」段玉裁注：「宷諦之視也。《穀梁傳》曰：『常事曰視，非常曰觀。』」《廣韻‧釋詁一》：「觀，視也。」《詩‧魯頌‧泮水》：「魯侯戾止，言觀其旂。」《左傳‧僖公二十三年》：「欲觀其裸。浴，薄而觀之。」

募當爲「寡」字之異體字，爲「觀」之借字。

〔註5〕 荊門市博物館：《郭店楚墓竹簡》，北京：文物出版社，1998 年 5 月，第 112 頁。
〔註6〕 荊門市博物館：《郭店楚墓竹簡》，北京：文物出版社，1998 年 5 月，第 116 頁。
〔註7〕 滕壬生：《楚系簡帛文字編》，武漢：湖北教育出版社，2008 年 10 月，第 691 頁。

天道（楚簡本）——天物（帛書甲乙、漢簡本）——夫物（王弼本）

員員（楚簡本）——雲雲（帛書甲）——祐祐（帛書乙）——云云（漢簡本）——蕓蕓（王弼本）

楚簡本：天道員員。（甲 24）

帛書甲：天物雲雲。（122）

帛書乙：天物祐祐。（57 下-58 上）

漢簡本：天物云云。（163）

王弼本：夫物蕓蕓。（12-275）

挺楚簡本者，以「天道循環運動不休」爲解，如此，下文的「各復其根」的主語當爲「天道」，天道本爲萬物之主宰、規律，天道又如何能各歸其根呢？顯然，「各復其根」的主語應該是「根」所表現出來的現象即萬物，老子此處是以萬物之現象爲幻，以根爲本、爲眞，這與佛法的義理是相通的。尹振環注意到了這個問題：「由於前面談萬物，突然轉到天道上來，似不順。」〔註 8〕楚簡本「天道」帛書甲乙本作「天物」，「天」之古文形狀與「夫」的古文之形極易混同，前面第二章《郭店楚墓竹簡》釋文和註釋從字形上進行了詳盡的分析，認爲「天」乃「夫」之誤。

帛書及通行本第二十五章：「有物混（昆）成」，楚簡本此處作「又牆蟲城」。《郭店楚墓竹簡》註釋：「牆，從『爿』『百』聲，疑讀作『道』。帛書本作『物』，即指『道』。」裘錫圭教授也運用文義的前後一致的關係指出了這種釋讀的矛盾之處：「『百』與『首』爲一字之異體。……此章下文有『吾（簡無此字）不（簡作『未』）知其名，字之曰道』之語，首句如說『有道混成』，文章就不通了。郭店簡《五行》篇三十六號簡也有牆字，《郭店》一五三頁注四七說：『牆，帛書本作牂，解說部份作莊。牆從爿聲，與莊可通。』此言甚是。見於《老子》甲二一的牆，無疑也應分析爲從『百』（首）『爿』聲，依文義當讀爲『狀』。『狀』也是從『爿』聲的。《老子》第十四章形容『道』的時候，有『是謂無狀之狀，無物之象，是謂惚恍』之語。『有狀混成』的『狀』就是『無狀之狀』的『狀』。」〔註 9〕

〔註 8〕 尹振環：《論〈郭店竹簡老子〉—簡帛〈老子〉比較研究》，《文獻》，1999（3），19～20 頁。

〔註 9〕 裘錫圭：《郭店〈老子〉簡初探》，《道家文化研究》17 輯，第 45～46 頁。

　　無論是「狀」、「象」還是「物」，都是指一種存在，《老子》第二十一章
有「惚兮恍兮，其中有象；恍兮惚兮，其中有物」。「狀」、「象」、「物」三者
可通用，在描述沒有名詞可形容的「道」時，可以暫時用來作為「道」的一
種指稱，這樣勢必會出現「道」這個字與用來指稱之字相混的情況，或用指
稱之字代替「道」（25 章即是如此），或用「道」來替代指稱之字（16 章此處
就是這樣的混用，當然還有因「天」之誤而誤作「天道」這一因素）。無論從
邏輯意義上來看還是從第 16 章眾本的此處的用字看，皆應該是「物」，「道」
為「物」之誤寫，既有從前面的天而誤作「天道」，也有從「道」牆本身的相
同之處而誤作「道」。

　　眾多學者因「天道」循環而對「員員」作「循環」解釋，除此之外，也
沒有其他典籍有「員員」作為「循環」解的。《淮南子・天文》有「天道曰員，
地道曰方」，《原道》有「員者常轉，……自然之勢也。」這兩處「員」作「圓」，
但這只是古人對天圓地方的一種現象描述，「員」作「圓形」解，並不作「循
環」講；這裡也沒有「員員」連用之詞，我們不能硬把它強拉在一起作「循
環」之義。「天道」誤寫，後面的「員員」也只能跟著強作這樣的解釋。「員」
在簡文中是個假借字，李零《讀郭店楚簡〈老子〉》曰：「員員，簡文『詩云』
之『云』作『員』，應讀為『云』。」〔註 10〕《詩・鄭風・出其東門》：「聊樂
我員。」《經典釋文》曰：「員，本亦作云。」《詩・商頌・玄鳥》：「景員維河。」
鄭玄箋：「員，古文作云。」《經典釋文》：「員，毛音『圓』，鄭音『云』。二
音皆可讀。是為「員」、「云」可通。員、云同屬匣母文部字，故音同可借。
　　《說文・員部》：「員，物數也。」段玉裁注曰：「數物曰員。」員的本義
是對物的計量，員員，就是物數眾多、多不勝數的意思，傅奕、范應元二本
作「贇贇」，《說文・員部》：「贇，物數紛贇亂也。从員云聲，讀若《春秋傳》
曰『宋皇鄖』。」《玉篇》：「贇，音云，又音運，物數亂也。」《呂氏春秋・圓
道》：「雲氣西行，云云然，冬夏不輟。」形容的正是那種雲卷雲舒而不安定
之狀。這也是對上文「萬物旁作」的另一種表達和照應。由此可知，「員員」
即「芸芸」、「云云」，「眾多」之義，《莊子・在宥》：「萬物云云，各復其根」。
雲、秐、芸，皆從云得聲，故可通借，段玉裁曰：「古有以聲不以義者。」即

〔註10〕 李零：《讀郭店楚簡〈老子〉》，美國達慕思大學郭店《老子》國際研討會論文，
　　　　1998 年。

是指此類現象。河上公注：「芸芸者，華葉盛。」彭耜《集注釋文》曰：「『芸芸』喻萬物也，以茂盛為動，以凋零為靜；『云云』者喻人事也，以逐欲為動，以息念為靜；義同。蓋莖有『根』字，故作『芸芸』。」《淮南子‧原道》曰：「萬物有所生，而獨知守其根；百事有所出，而獨知守其門。」按老子常用的句式就是：知其葉，守其根。

董（楚簡本）──根（帛書乙、漢簡本、王弼本）
楚簡本：各復亓董。（甲 24）
帛書甲：各復**歸**於其〔根〕。（122）
帛書乙：各復**歸**於亓根。（58 上）
漢簡本：各復**歸**其根。（163）
王弼本：各復**歸**於其根。（12-275）

董、根二字同屬見母文部，音同可借。《說文‧木部》：「根，木株也。从木艮聲。」張文虎《舒藝室隨筆》：「《說卦》艮為足。艮，止也。止，古趾字。根從艮，似非徒取諧聲。」《廣韻》：「根，柢也。」《左傳‧隱公六年》：「農夫之去草，絕其本根，勿使能殖。」又《文公七年》：「公族，公室之枝葉也。若去之，則本根無所庇蔭矣。」「董」為「根」之假借字。

帛書甲：〔曰靜〕，靜是謂復命；復命，常也；知常，明也。（123）
帛書乙：曰靜，靜是胃復命；復命，常也；知常，明也。（58 上）
漢簡本：曰靜，靜曰復命；復命，常也；智常，明也。（163-164）
王弼本：**歸根**曰靜，是謂復命，復命曰常，知常曰明。（12-275）

帛書本與漢簡本句式基本相同，無「歸根」二字；王弼本則與傅奕本句式同：「歸根曰靖，靖曰復命。復命曰常，知常曰明。」或各有所本，但帛書本和漢簡本「曰靜」前當有「歸根」二字，句子才通暢。

帠（帛書甲）──芒（帛書乙）──忘（漢簡本）──妄（王弼本）
兇（帛書甲、漢簡本）──凶（帛書乙、王弼本）
帛書甲：不知常，帠；帠作，兇。（123）
帛書乙：不知常，芒；芒作，凶。（58 上）

漢簡本：不知常，忘作，兇。（164）

王弼本：不知常，妄作，凶。（12-275）

帍，音 huang，從巾亡聲。《廣雅・釋器》：「帍，幞也。」《玉篇・巾部》：「帍，巾也。」帍、芒、忘、妄皆爲明母陽部字；帍、芒、忘、妄皆從「亡」得聲，故音通可借。《韓非子・解老》：「前識者，無緣而忘意度也。」王先慎《集解》：「忘、妄古通。」《說文・女部》：「妄，亂也。从女亡聲。」妄爲惑亂之義。《韓非子・八說》：「暴人在位，則法令妄而臣主乖，民怨而亂心生。」《管子・牧民》：「上無量，則民乃妄。」帍、芒、忘爲「妄」之假借字。

《說文・凶部》：「兇，擾恐也。从人在凶下。《春秋傳》曰：『曹人兇懼。』」《廣韻・腫韻》：「兇，恐懼。」又《說文・凶部》：「凶，惡也。象地穿交陷其中也。凡凶之屬皆从凶。」徐鍇《繫傳》：「惡不可居，象地之塹也，惡可以陷人也。」《集韻・鍾韻》：「凶，惡也。通作兇。」兇、凶義通而有別，當爲古今字。《爾雅・釋言》：「凶，咎也。」《廣韻・腫韻》：「凶，禍也。」《詩・王風・兔爰》：「我生之後，逢此百凶。」鄭玄箋：「百凶者，王構怨連禍之百凶。」

沕（帛書甲）——没（帛書乙、漢簡本、王弼本）

怠（帛書甲）——殆（帛書乙、漢簡本、王弼本）

帛書甲：沕身不怠。（124）

帛書乙（58下）、王弼本（12-275）：**没身不殆。**

漢簡本：**没而不殆。**（164-165）

《玉篇・水部》：「沕，没也。」有潛藏、隱没之義，《賈誼・弔屈原賦》：「襲九淵之神龙兮，沕深潛以自珍。」《說文・水部》：「没，沈也。从水从旻。」段玉裁注：「没者，全入於水，故引申之義訓盡。」《小爾雅・廣言》：「没，終也。」《詩・小雅・漸漸之石》：「山川悠遠，曷其没矣。」毛傳：「没，盡也。」鄭玄箋：「廣闊之處，何時其可盡服。」沕、没皆爲明母物部字，音同可借，「沕」爲「没」之假借字。比較眾本，漢簡本奪一「身」字。

怠、殆皆爲定母之部字，且皆從「台」得聲，故音同可借。朱駿聲《說文通訓定聲・頤部》：「殆，叚借爲怠。」《詩・商頌・玄鳥》：「商之先後，受

命不殆。」鄭玄箋：「商之先君受天命而不解殆。」馬瑞辰《通釋》：「《論語》：
『思而不學則殆。』《釋文》：『殆，本作怠。』此詩『殆』即『怠』借字。」
《左傳‧昭公五年》：「滋敝邑休殆。」

　　《說文‧歹部》：「殆，危也。从歹台聲。」《詩‧小雅‧正月》：「民今方
殆，視天夢夢。」鄭玄注：「民今且危亡。」《禮記‧祭義》：「不敢以先父母
之體行殆。」「怠」爲「殆」之借字。

　　萬物復歸其根本，才會保持一種平靜的狀態；保持這種平靜的狀態，這
才是生命的根本，就能安生立命；知道生命的根本才能保持正常而恒久的狀
態；能保持這種正常的狀態才會頭腦清醒明了，不迷失方向，這樣才不會妄
作妄爲，就不會有凶險。

　　保持生命正常的狀態才是正常之道，才會知道包容一切；包容才會不偏
袒，沒有是非、分別，能一視同仁，才會保持公正和公平；有了公正和公平，
天下人才會歸往你；有了川谷之於大海般的歸往，才符合損有餘而補不足的
天道；這樣才是道的法則；符合道的要求，才能終身沒有危殆。

　　本章整理：致虛，極也；守靜，篤也。萬物並作，吾以觀其復也。夫物
芸芸，各復歸於其根，歸根曰靜，靜是謂復命。復命，常也；知常，明也。
不知常，妄；妄作，凶。知常容，容乃公，公乃王，王乃天，天乃道，道乃
久，没身不殆。

第十七章　淳　風

大（楚簡本、帛書甲乙、漢簡本）──太（王弼本）

楚簡本：大上，下智又之。（丙 1）

帛書甲：大上，下知有之。（124）

帛書乙：大上，下知又〔之〕。（58 下）

漢簡本：大上，下智有之。（166）

王弼本：太上，下知有之。（12-276）

大爲定母月部字，太爲透母月部字，聲母皆爲舌尖中音，故音同可借。

《說文‧大部》：「大，天大，地大，人亦大。故大象人形。」王筠《釋例》：「此謂天地之大，無由象之以作字，故象人之形以作大字，非謂大字即是人也。」江沅《說文釋例》：「古只作『大』，不作『太』。《易》之『大極』，《春秋》之『大子』、『大上』，《尚書》之『大誓』、『大王王季』，《史》、《漢》之『大上皇』、『大后』，後人皆讀爲太。或徑改本書，作『太』及『泰』。」《說文‧水部》：「泰，滑也。从廾从水，大聲。夳，古文泰。」段玉裁注：「夳，後世凡言大而以爲形容未盡則作太。」《集韻‧夳韻》：「夳，《說文》：『滑也。』一曰大也，通也。或省作太，亦作大、泰。」《廣韻‧釋詁一》：「太，大也。」王念孫《疏證》：「太者，《白虎通義》云：十二月律謂之大呂何》大者，大也；正月律謂太簇何？太，亦大也。」《書‧禹貢》：「既修太原，至於岳陽。」孔穎達疏：「太原，原之大者。」大、太古音義皆通，可互用。

「太上」一詞，爲春秋戰國時習語，爲最好、最上之義，其句式爲「太上……其次……」，往往根據後文所立之文義而而增加修飾的對象。《左傳‧

襄公二十四年》：太上，有立德；其次，有立功；其次，有立言。」為人身處世間最好的表現為……。《墨子‧親士》：「太上無敗，其次敗而有以成。」孫詒讓《閒詁》：「太上，對其次為文，謂等之最居上者。」《戰國策‧魏策》：「故為王計，太上伐秦，其次賓秦，其次堅約而詳講，與國無相離也。」《逸周書‧武紀》：「太上，敬而服；其次，欲而得；其次，奪而得；其次，爭而克；其次，動而上資其力。」《韓非子‧說疑》：「是故禁姦之法，太上禁其心，其次禁其言，其次禁其事。」《鶡冠子‧武靈王》：「工者貴無與爭，故太上用計謀，其次因人事，其下戰克。」《晏子春秋‧內篇問上》：「上君全善，其次出入焉，其次結邪而羞問。」「夫上士，難進而易退也；其次，易進易退也；其下，易進難退也。」《孫子‧謀攻》：「故上兵伐謀，其次伐交，其次伐兵，其下攻城。」《尉繚子‧治本》：「太上神化，其次因物，其下在於無奪民時，無損民財。」《兵令下》：「臣聞古之善用兵者，能殺士卒之半，其次殺其十三，其下殺其十一。」《大戴禮記‧曾子立事》：「太上樂善，其次安之，其下亦能自強。」「太上不生惡，其次而能夙絕之也，其下復而能改也。」《曾子大孝》：「孝有三，大孝尊親，其次不辱，其下能養。」《呂氏春秋‧孟秋紀‧禁塞》：「凡救守者，太上以說，其次以兵。」《有始覽‧謹聽》：「太上知之，其次知其不知。」《孝行覽‧遇合》：「凡舉人之本，太上以志，其次以事，其次以功。」《察微》：「凡持國，太上知始，其次知終，其次知中。」司馬遷《報任少卿書》：「太上不辱先，其次不辱身……最下腐刑極矣。」宋秦觀《心說》：「太上見心而無所取捨，其次無心，其次虛心，其次有心。」如若單有「太上」一詞，無「其次」繼之以成「太上……其次……」之句式，則「太上」或指太古、上古，或指君王、天子，此已是後起之義了。王弼指的是大人，河上公指的是太古無名之君，皆誤。《韓非子‧難三》：「今有功者必賞，賞者不得君，力之所致也；有罪者必誅，誅者不怨上，罪之所生也。民知誅罰之皆起於身也，故疾功利於業，而不受賜於君。『太上，下智有之。』此言太上之下民無說也，安取懷惠之民？上君之民無利害，說以『悅近來遠』，亦可舍已。」其釋「太上」為「上君」，其誤導於後，由來已久矣。然其解老之義，頗有可取。細省韓非子「太上之下民無說」之義，乃下民對上無說辭，即無譽無毀之義，若作「不知有之」（元、明諸本如此），則有悖常理，不管是一國之君還是一族之酋長，民不可能不知，即使是「帝力於我何有哉！」的上古社會，也是知其存在的，只是保持著一種「老死不相往來」的最為自然的狀況。這是無為

而治的社會所達到的最好的境界，所以稱之爲「太上」。這也是老子在各個方面的至高要求。

　　即、既（楚簡本）──次（帛書甲乙、漢簡本、王弼本）
　　新（楚簡本）──親（帛書甲乙、漢簡本、王弼本）
　　楚簡本：丌即，新譽之；……丌既。（丙1）
　　帛書甲（124）、漢簡本（166）：其次，親譽之。
　　帛書乙：亓〔次〕，親譽之。（58下）
　　王弼本：其次，親而譽之。（12-276）
　　《郭店楚墓竹簡》釋文「即」讀爲「次」，「新」讀爲「親」。
　　即爲精母質部字，次爲精母脂部字，既爲見母物部字，「質」、「脂」對轉，「脂」、「物」旁對轉，「質」、「物」對轉。見組與精組的互諧在前面已經有所涉及並有例證，故即、既、次音通可借。「既」或因與「即」形近而誤。
　　《說文・欠部》：「次，不前，不精也。从欠二聲。𣢜，古文次。」徐鍇《繫傳》：「不前，是次於上也。不精，是其次也。」段玉裁注：「前，當作歬，不歬不精皆居次之意也。」即、既乃「次」之假借字。

　　新爲心母眞部字，親爲清母眞部字，聲母皆爲舌尖前音（齒頭音），音同可借。
　　朱駿聲《說文通訓定聲・坤部》：「新，叚借爲親。」《書・金縢》：「惟朕小子其新逆。」陸德明《經典釋文》：「新逆，馬本作親迎。」「親」又與「新」通。《韓非子・亡徵》：「親臣進而故人退，不肖用事而賢良伏。」王先愼《集解》：「親讀爲新。」《說文・見部》：「親，至也。从見亲聲。」段玉裁注：「父母者，情之最至者也，故謂之親。」《廣韻》：「親，愛也。」唐玄宗《孝經序》：「親譽日著。」邢昺疏：「慈愛之心曰親。」「新」爲「親」之借字。

　　炙（楚簡本）──母（帛書甲乙、漢簡本）──侮（王弼本）
　　楚簡本：丌即，炙之。（丙1）
　　帛書甲（124）、漢簡本（166）：其下，母之。
　　帛書乙：亓下，母之。（58下）
　　王弼本：其次，侮之。（12-276）

　　《郭店楚墓竹簡》釋文以「即」爲「既」之本字，「即」讀爲「次」；「愄」讀爲「畏」；敄讀爲「侮」。註釋：敄，簡文字形從矛從人。《古文四聲韻》引《古孝經》「侮」字即從矛從人，與簡文同〔註1〕。

　　敄字形在楚系文字中多作「務」字，如《郭店竹簡・成之聞之》第13簡：「農夫務食不強耕。」25 簡：「是以上之恒務在信於眾。」《尊德義》：「爲人上者之務也。」務、侮皆爲明母侯部字，母爲明母之部字，「之」、「侯」旁轉，故務、侮、母音通可借。馬王堆漢墓帛書《稱》：「行曾（憎）而索愛，父弗得子；行母而索敬，君弗得臣。」「母」即「侮」之借字，輕慢之義。《說文・人部》：「侮，傷也。从人每聲。㑄，古文从母。」《字彙・人部》：「侮，侵也。」《詩・大雅・烝民》：「不侮矜寡，不畏彊禦。」孔穎達疏：「不欺侮於鰥寡孤獨之人。」引申有侮辱、輕慢之義。《廣雅・釋詁三》：「侮，輕也。」《玉篇・人部》：「侮，侮慢也。」《書・甘誓》：「有扈氏威侮五行。」孔穎達疏：「有扈與夏同姓，持親而不恭，是則威虐侮慢五行。」《集韻・曠韻》：「侮，慢也。或作務。」《字彙・力部》：「務，與侮同。」《詩・小雅・棠棣》：「兄弟鬩於牆，外禦其務。」毛傳：「務，侮也。兄弟雖內鬩而外禦侮也。」《左傳・僖公二十四年》「務」引作「侮」。

　　敄、母爲「侮」之借字。

　　安（楚簡本、帛書乙、漢簡本）——案（帛書甲）——焉（王弼本）
　　楚簡本：信不足，安又不信。（丙 1-2）
　　帛書甲：信不足，案有不信。（124）
　　帛書乙（58 下-59 上）、**漢簡本**（166）：信不足，安有不信。
　　王弼本：信不足焉有不信焉。（12-276）
　　安、案、焉皆爲影母元部字，故音同可借。

　　王念孫《讀書雜志》：「王弼本第十七章『信不足焉有不信焉』，河上公本無下『焉』字者是也。『信不足』爲句，『焉有不信』爲句。焉，於是也。言信不足，於是有不信也。《呂氏春秋・季春篇》注曰：『焉，猶於此也。』《聘禮記》曰：『及享，發氣焉盈容。』言發氣於是盈容也。《月令》曰：『天子焉

〔註1〕 荊門市博物館：《郭店楚墓竹簡》，北京：文物出版社，1998 年 5 月，第 121 頁。

始乘舟。』言天子於是始乘舟也。《晉語》曰：『焉始爲令。』言於是始爲令也。……河上公注云：『君信不足於下，下則應之以不信而欺其君也。』『則』正解『焉』字之義。《祭法》：『壇墠有禱焉祭之，無禱乃止。』言壇墠有禱則祭之也。……後人不曉『焉』字之義，而讀『信不足焉』爲一句，故又加『焉』字於下句之末，以與上句相對，而不知其謬也。」

王引之《經傳釋詞》卷二：「安，猶於是也，乃也，則也。『安』或作『案』，或作『焉』，其義一也。」《管子‧大匡》：「桓公乃告諸侯，必足三年之食，安以其餘修兵革。」王念孫《讀書雜志》：「安，語辭，猶乃也。」《戰國策‧魏策一》：「因久坐，安從容談三國之相怨。」

「案」亦有於是、乃、則之義。《荀子‧強國》：「然而秦使左案左，使右案右，是乃使讐人役也。」王先謙《集解》：「言秦之役楚使左則左，使右則右。」

「焉」亦有「乃」、「則」等義。《墨子‧兼愛上》：「聖人以治天下爲事者也，必知亂之所自起，焉能治之；不知亂之所自起，則不能治。」《國語‧晉語二》：「盡逐羣公子，乃立奚齊，焉始爲令，國無公族焉。」

猷（楚簡本）——猶（帛書乙、漢簡本）——悠（王弼本）
楚簡本：猷嗀，丌貴言也。（丙 2）
帛書甲：〔猶呵〕，其貴言也。（124-125）
帛書乙：猶呵，亓貴言也。（59 上）
漢簡本：猶虖，其貴言。（166-167）
王弼本：悠兮，其貴言。（12-276）

猷、猶爲一字異體，與悠皆爲餘母幽部字，音同可借。「猶」爲「躊躇、疑懼、審愼的樣子。」與《老子》第 15 章：「猶兮其若畏四鄰」之「猶」義一致。此爲言，彼爲行。《說文‧心部》：「悠，憂也。从心攸聲。」《爾雅‧釋詁下》：「悠，思也。」《廣韻‧尤韻》：「悠，思也，憂也。」《詩‧周南‧關雎》：「悠哉悠哉，輾轉反側。」毛傳：「悠，思也。」鄭玄箋：「思之哉思之哉。」本文義爲：重視其言，當審愼地思考之，以免離道失自然。行爲當審愼，言辭當深思。

工（楚簡本）——功（帛書甲乙、漢簡本、王弼本）

眚（楚簡本）——省（帛書甲）——姓（帛書乙、漢簡本、王弼本）

肰（楚簡本）——然（帛書甲乙、漢簡本、王弼本）

曰（楚簡本、漢簡本）——胃（帛書甲）——謂（王弼本）

楚簡本： 成事述工，而百眚曰我自肰也。（121）

帛書甲： 成功遂事，而百省胃我自然。（125）

帛書乙： 成功遂事，而百姓胃我自然。（59 上）

漢簡本： 成功遂事，百姓曰我自然。（167-167）

王弼本： 功成事遂，百姓皆謂我自然。（12-276）

《郭店楚墓竹簡》「述」讀爲「遂」，工讀爲「功」，眚讀爲「姓」，肰讀爲「然」。〔註2〕

工與功皆從「工」得聲，音通可借。楚系文字工多作「功」。如《郭店竹簡·太一生水》第 12 簡：「故工（功）成而身不傷。」《窮達以時》第 9 簡：「子胥前多工（功）。」《新蔡葛陵竹簡·甲三》第 111 簡：「工（功）逾而曆之。」亦讀作 gong 音，《上博竹簡（二）·容成氏》第 20 簡：「四海之外皆請工（貢）。」工、功皆爲見母東部字，故「工」當爲「功」之借字。述爲船母物部，遂爲邪母物部，「邪紐古歸定紐」，聲母皆爲舌頭音，故音通可借，述爲遂之借。

眚、省皆爲山母耕部字（省或爲心母），姓爲心母耕部字，「照二歸精」，聲母皆爲齒頭音（舌尖前音），眚、省、姓皆從「生」得聲，故音通可借。

朱駿聲《說文通訓定聲·鼎部》：「省，叚借爲眚。」爲災害、過失之義，《書·洪範》：「曰王省惟歲。」孔穎達疏：「史遷『省』作『眚』。」孫星衍疏：「古省、眚通。」眚、省乃「姓」之借字。

肰、然皆爲日母元部字，故音同可借。

《說文·肉部》：「肰，犬肉也。从犬肉。讀若然。膞，古文肰。胹，亦古文肰。」王筠《釋例》：「肰之古文胹，《玉篇》不收，恐即是火部『然』字，誤迻於此，從犬從火故同。其從日也，則亦如舂之肉誤爲日耳。」《玉篇·肉部》：「肰，然字從此。」《正字通·肉部》：「肰，《正僞》借爲語助。俗用然。」

〔註2〕 荊門市博物館：《郭店楚墓竹簡》，北京：文物出版社，1998 年 5 月，第 121 頁。

《說文‧曰部》：「曰，詞也。从口乙聲。亦象口气出也。」段玉裁注：「詞者，意內而言外也。有是意而有是言。亦謂之曰，亦謂之云，云、曰雙聲也。」《廣雅‧釋詁四》：「曰，言也。」

《增韻》：「曰，謂也，稱也。」又《廣雅‧釋詁二》：「謂，說也。」《詩‧衛風‧河廣》：「誰謂河廣，一葦杭之。」曰爲匣母月部，謂、胃皆爲匣母物部，物、月旁轉，音通可借。

「曰」、「謂」音義皆同可互用。

本章整理：太上，下知有之；其次，親譽之；其次，畏之；其次，侮之。信不足，安有不信。猶兮，其貴言也。成功遂事，而百姓謂我自然也。

第十八章　俗　薄

古（楚簡本）──故（帛書甲乙、漢簡本、王弼本）

變（楚簡本）──廢（帛書甲乙、漢簡本、王弼本）

息（楚簡本）──仁（帛書甲乙、漢簡本、王弼本）

楚簡本：古大道變，安又息義。（丙 2-3）

帛書甲：故大道廢，案有仁義。（125）

帛書乙（59 上）、**漢簡本**（167）：故大道廢，安有仁義。

王弼本：大道廢，有仁義。（12-276）

　　《郭店楚墓竹簡》釋文「古」讀爲「故」，「變」讀爲「廢」。註釋：息，從「心」「身」聲，即《說文》「仁」之古文。《說文》以爲「古文仁从千心」，從「千」乃從「身」之誤。裘按：「千」、「身」、「人」古音皆相近，不必以「千」爲身之誤。〔註1〕

　　千爲清母眞部字，身爲書母眞部字，人爲日母眞部字，齒頭音與舌頭音互諧的例子可能比齒頭音與牙喉音、舌頭音與牙喉音、唇音與牙喉音互諧的例子一樣很少。如「雖」爲心母微部，「唯」爲餘母微部；「襄」爲心母陽部，「攘」爲日母陽部；「脩」、「修」爲心母幽部，「滌」爲定母覺部；「禪」爲禪母元部，「揣」爲初母歌部；「隼」爲心母文部，「推」爲透母微部；「誰」爲禪母微部，「進」爲精母眞部。其一致的特徵是諧聲字，且有（出土）文獻的例證。故千與身、人音通可借。

　　《說文・人部》：「仁，親也。从人从二。忎，古文仁从千心。𡰥，古文仁或从尸。」《集韻・眞韻》：「仁，古作忎。」

────────────────

〔註 1〕 荊門市博物館：《郭店楚墓竹簡》，北京：文物出版社，1998 年 5 月，第 121頁。

《說文・十部》:「千,十百也。从十,从人。」高鴻縉《中國字例》:「大徐『从十,从人。』小徐作『从十,人聲。』『人聲』是也。從十,當爲從一。一,數之整也。」「千」,古文象人形。《說文・身部》:「身,躬也。象人之身。」《說文・人部》:「人,天地之性最貴者也。此籀文。象臂脛之形。」「人」之古文字形象人側面站立作揖行禮之形。

故「千」、「身」、「人」古音義皆通,可通用。㤬爲「忎」之異體。

《說文・古部》:「古,故也。从十、口。識前言者也。」《爾雅・釋詁下》:「古,故也。」《盂鼎》:「古喪師。」楊樹達《積微居讀書記》:「假古爲故。」作連詞,因此之義。《石鼓文・而師》:「嗣王始振,古我來口。」郭沫若注:「古,讀爲故。」

《廣韻・暮韻》:「故,舊也。」《楚辭・招魂》:「魂兮歸來,反故居些。」王逸注:「故,古也。」

古、故皆爲見母魚部字,音同義通,古可通用。

𤼲,從止又,象足在田中踩踏之形。《說文・𣥠部》:「𣥠,以足蹋夷艸。从𣥠从殳。《春秋傳》曰:『𣥠夷蘊崇之。』」王筠《句讀》:「《秋官・敘官・薙氏》:注引作『芟夷蘊崇之。』似亦後人不識𣥠字耳改以既僞之《左傳》也。《文選・答賓戲》:『夷險芟荒。』晉灼曰:『發,開也。』今諸本皆作芟字。案:發亦𣥠之訛。」《韻會》:「芟,亦作𣥠。」《說文・艸部》:「芟,刈艸也。」《爾雅・釋詁下》:「廢,止也。」《玉篇・廣韻》:「廢,滅也。」《老子》第36章:「將欲廢之,必固興之。」《論語・雍也》:「力不足者,中道而廢。」《淮南子・原道》:「是故能天運地滯,輪轉而無廢。」高誘注:「廢,休也。」故𤼲、𣥠、廢義通。

𣥠爲並母月部字,廢爲明母月部字,聲母皆爲雙唇音,音通可借。𤼲、𣥠、廢音義皆通可通用。

快(帛書甲)──慧(帛書乙、漢簡本、王弼本)
帛書甲:知快出,案有大僞。(125-126)
帛書乙:知慧出,安有〔大僞〕。(59上)
漢簡本:智慧出,安有大僞。(167)
王弼本:慧智出,有大僞。(12-276)

慧，河上公本作「惠」。快為溪母月部字，慧為匣母月部字，惠為匣母質部，聲母皆為舌根音，一為送氣音，一為不送氣音，質、月旁轉，故音通可借。《列子・周穆王》：「秦人逢氏有子，少而惠。」《晏子春秋・外篇上十五》：「夫智與惠，君子之事，臣奚足以知之乎？」《後漢書・仲長統傳》：「純樸已去，智惠己來。」以上「惠」字，皆當作「慧」解。《說文・心部》：「慧，儇也。從心彗聲。」徐鍇《繫傳》：「儇，敏也。」《廣韻・霽韻》：「慧，解也。」《說文・心部》：「快，喜也。從心夬聲。」張相《詩詞曲語辭匯釋》：「快，猶會也，能也。」白居易《有感三首》：「馬肥快行走，妓長能歌舞。」「快」為「慧」之借。

楚簡本無此句，將在下一章分析。

孝（楚簡本、帛書乙、漢簡本、王弼本）——畜（帛書甲）
孳（楚簡本）——兹（帛書甲乙）——茲（漢簡本）——慈（王弼本）
楚簡本：六新不和，安又孝孳。（丙 3）
帛書甲：六親不和，案有畜兹。（126）
帛書乙：六親不和，安又孝兹。（59 下）
漢簡本：六親不和，安有孝茲。（168）
王弼本：六親不和，有孝慈。（12-276）

「畜」有「孝、順」之義。《釋名・釋言語》：「《孝經》說曰：『孝，畜也；畜，養也。』」《廣雅・釋言》：「孝，畜也。」王念孫《疏證》云：「《禮・祭統》云：『孝者，畜也。順于道，不逆于倫，是之謂畜。』《正義》引《援神契》云：天子之孝曰就，諸侯曰度，大夫曰譽，士曰究，庶人曰畜。分之則五，總之曰畜，皆是畜養，但功有大小耳。」「孝、畜古同聲，故孝訓為畜，畜亦訓為孝。」畜為曉母覺部，孝為曉母幽部，覺、幽對轉，音通可借。《書・盤庚中》：「汝共作我畜民。」曾運乾注曰：「畜，謂順於德教。」《禮記・孔子閒居》：「無服之喪，以畜萬邦。」鄭玄註：「畜，孝也。使萬邦之民競為孝也。」《莊子・徐無鬼》：「許由曰：堯畜畜然仁，吾恐其為天下笑。」《說文・老部》：「孝，善事父母者。從老省，從子。子承老也。」畜為孝之借。

《說文・子部》：「孳，汲汲生也。從子茲聲。孳，籀文孳從絲。」《韻會小補》：「孳，古孳字。」王筠《句讀》：「蓋孳從子，子之為言孳。」《玉篇・

子部》：「孳，孳產也。」《書・堯典》：「鳥獸孳尾。」孔傳：「乳化曰孳，交接曰尾。」孳，因產子乳化而有了「慈」義。茲與茲乃繁簡之別，《說文・艸部》：「茲，艸木多益。从艸，茲省聲。」

孳（孳）、茲（茲）皆為精母之部字，慈為從母之部字，聲母皆為舌尖前音，「孳」、「慈」皆從「茲」得聲，故音通可借。《說文・心部》：「慈，愛也。」孳、茲（茲）乃「慈」之假借字。

邦（楚簡本、帛書甲）──國（帛書乙、漢簡本、王弼本）
豪（楚簡本）──家（帛書甲乙、漢簡本、王弼本）
緡（楚簡本）──閟（帛書甲乙）──捆（漢簡本）──昏（王弼本）
正（楚簡本）──貞（帛書甲乙、漢簡本）──忠（王弼本）

楚簡本：邦豪緡〔亂〕，安又正臣。（丙 3）
帛書甲：邦家閟亂，案有貞臣。（126）
帛書乙：國家閟亂，安有貞臣。（59 下）
漢簡本：國家捆亂，安有貞臣。（168）
王弼本：國家昏亂，有忠臣。（12-276）

邦、國意義相同。「邦「，為避漢初劉邦諱而改為「國」。楚簡本和帛書甲本寫於劉邦建國之前，故不避諱。《說文・邑部》：「邦，國也。从邑丰聲。𨛜，古文。」《六書故・工事二》：「邦，國也。別而言之，則城郭之內曰國，四境之內曰邦。」《書・堯典》：「協和萬邦。」《詩・大雅・皇矣》：「王此大邦。」《說文・囗部》：「國，邦也。从囗从或。」囗當為古之城牆，古城郭之周圍的城牆為方形，故從囗。「國」為邦之首都。朱駿聲《說文通訓定聲・頤部》：「國者，郊內之都也。」《左傳・隱公元年》：「先王之制，大都不過參國之一。」《孟子・萬章下》：「在國曰市井之臣，在野曰草莽之臣。」趙岐注：「在國謂都邑也。」

《說文・宀部》：「家，居也。从宀，豭省聲。𡩜，古文家。」古文𡩜與豪形同，宀從中間提到家上，乃同構異形，異體字。豪從爪、家，家亦聲。

閟，從心問聲，同「悶」。有「昏悶」之義，《戰國策・楚策一》：「瘨而殫悶旄不知人。」《集韻・悃韻》：「悶，《說文》：『懣也。』或作惛。」「悶，亦

書作㥃。」《說文・心部》：「惛，不憭也。从心昏聲。」閩、悶、惛音義皆通，與「昏」音同義近，心亂則爲「惛」，故可通用。《集韻・眞韻》：「緡……或作緍。」《正字通・糸部》：「緍，同緡。」「緡」爲「惛」之音借。

緡（緍）、悶（問、門）爲明母文部字，掍爲匣母文部字，昏爲曉母文部字，這種唇音聲母字和喉牙音聲母字相通在諧聲字以及出土文獻爲常見，故以上諸字音通可借。《說文・手部》：「掍，同也。从手昆聲。」揚雄《方言》卷三：「掍、緷，同也。宋、衛之間曰緷，或曰掍。」《文選・班固・西都賦》：「掍建章而連外屬。」李善註：「掍音義與混同。」《說文・日部》：「昏，日冥也。从日氐省。氐者，下也。一曰民聲。」故「昏」或與「緡」音同。緡從昏得聲，故緡（緍）、悶、昏音同可借。昏，引申爲昏憒、迷亂之義，《書・牧誓》：「昏棄厥肆祀弗答。」孔安國傳：「昏，亂也。」孔穎達疏「昏闇於事必亂，故昏爲亂也。」緡、悶、掍爲「昏」之借。

正、貞皆爲章母耕部字，忠爲章母多部字，「多」、「耕」旁轉，故三字音通可借。

《廣雅・釋詁一》：「貞，正也。」《書・太甲》：「一人元良，萬邦以貞。」孔安國傳：「貞，正也。」孔穎達疏：「天子有大善，則天下得其正。」貞有忠誠之義，《荀子・子道》：「故子從父，奚子孝？臣從君，奚臣貞？審其所以從之之謂孝、之謂貞也。」

《郭店竹簡・緇衣》第 3 簡：「好氏貞植（直）。」《郭店竹簡・緇衣》第 9 簡：「不自爲貞。」「貞」，《禮記・緇衣》皆作「正」，《上博竹簡・緇衣》第 2 簡亦作「正」。郭店楚墓竹簡中，「貞」字還借用爲它字，如《老子（甲）》第 13 簡：「將貞之以亡名之樸。」，「貞」皆爲「鎭」。《老子（乙）》第 2 簡：「（質）貞女（如）愉（渝）。」第 16 簡：「其德乃貞。」「貞」皆爲「眞」。楚系文字中有專門的「忠」字，如《郭店竹簡・魯穆公問子思》第 2 簡：「可胃忠臣矣。」可見，「貞」、「忠」非借字，而是同義替代。楚系文字中，「貞」多作卜辭之用，此是其本義。傅奕本亦作「貞」，當從古本。

本章整理：故大道廢，安有仁義；六親不和，安有孝慈；邦家混亂，安有貞臣。